THÉATRE
DE
VOLTAIRE.

TOME HUITIEME.

THÉATRE
DE
VOLTAIRE.

TOME HUITIEME.

ÉDITION STÉRÉOTYPE,
D'après le procédé de Firmin Didot.

A PARIS,

DE L'IMPRIMERIE ET DE LA FONDERIE STÉRÉOTYPES
DE PIERRE DIDOT L'AÎNÉ, ET DE FIRMIN DIDOT.

AN IX. (1801.)

L'ÉCOSSAISE,

COMÉDIE
EN CINQ ACTES,

PAR M. HUME,
TRADUITE EN FRANÇAIS
PAR JÉROME CARRÉ,

Représentée à Paris, au mois d'auguste 1760.

J'ai vengé l'univers autant que je l'ai pu.

ÉPITRE DÉDICATOIRE
DU TRADUCTEUR DE L'ÉCOSSAISE,
A M. LE COMTE DE LAURAGUAIS.

Monsieur,

La petite bagatelle que j'ai l'honneur de mettre sous votre protection n'est qu'un prétexte pour vous parler avec liberté.

Vous avez rendu un service éternel aux beaux arts et au bon goût, en contribuant par votre générosité à donner à la ville de Paris un théâtre moins indigne d'elle. Si on ne voit plus sur la scene Cesar et Ptolomée, Athalie et Joad, Merope et son fils, entourés et pressés d'une foule de jeunes gens, si les spectacles ont plus de décence, c'est à vous seul qu'on en est redevable. Ce bienfait est d'autant plus considérable, que l'art de la tragédie et de la comédie est celui dans lequel les Français se sont distingués davantage. Il n'en est aucun dans lequel ils n'aient de très illustres rivaux, ou même des maîtres. Nous avons quelques bons philosophes; mais, il faut l'avouer, nous ne sommes que les disciples des Newton, des Locke, des Galilée. Si la France a quelques historiens, les Espagnols, les Italiens, les Anglais même, nous disputent la supériorité dans ce genre. Le seul Massillon aujourd'hui passe chez les gens de goût pour un orateur agréable; mais qu'il est encore loin de l'archevêque Tillotson aux yeux du reste de l'Europe! Je ne prétends point peser le mérite des hommes de génie; je n'ai pas la main assez forte pour tenir cette balance : je vous dis seulement comment pensent les autres peuples ; et vous savez, monsieur, vous qui dans votre premiere jeunesse avez voyagé pour vous instruire, vous savez que presque chaque peuple a ses hommes de génie, qu'il préfere à ceux de ses voisins.

Si vous descendez des arts de l'esprit pur à ceux où la main a plus de part, quel peintre oserions-nous préférer aux grands peintres d'Italie? C'est dans le seul art des Sophocle que toutes les nations s'accordent à donner la préférence à la nôtre : c'est pourquoi, dans plusieurs villes d'Italie, la bonne compagnie se rassemble pour représenter nos pieces, ou dans notre langue, ou en italien; c'est ce qui fait qu'on trouve des théâtres français à Vienne et à Pétersbourg.

Ce qu'on pouvait reprocher à la scene française était le manque d'action et d'appareil. Les tragédies étaient souvent de longues conversations en cinq actes. Comment hasarder ces spectacles pompeux, ces tableaux frappants, ces actions grandes et terribles, qui, bien ménagées, sont un des plus grands ressorts de la tragédie ; comment apporter le corps de César sanglant sur la scene; comment faire descendre une reine éperdue dans le tombeau de son époux, et l'en faire sortir mourante de la main de son fils, au milieu d'une foule qui cache, et le tombeau, et le fils, et la mere, et qui énerve la terreur du spectacle par le contraste du ridicule?

C'est de ce défaut monstrueux que vos seuls bienfaits ont purgé la scene; et quand il se trouvera des génies qui sauront allier la pompe d'un appareil nécessaire et la vivacité d'une action également terrible et vraisemblable à la force des pensées, et surtout à la belle et naturelle poésie, sans laquelle l'art dramatique n'est rien, ce sera vous, monsieur, que la postérité devra remercier (1).

Mais il ne faut pas laisser ce soin à la postérité; il faut avoir le courage de dire à son siecle ce que

---

(1) Il y avait long temps que M. de Voltaire avait réclamé contre l'usage ridicule de placer les spectateurs sur le théâtre, et de retrécir l'avant scene par des banquettes, lorsque M. le comte de Lauraguais donna les sommes nécessaires pour mettre les comédiens à portée de détruire cet usage.

M. de Voltaire s'est élevé contre l'indécence d'un parterre debout et tumultueux; et dans les nouvelles salles construites à Paris, le parterre est assis. Ses justes réclamations ont été écoutées sur des objets plus importants. On lui doit en grande partie la suppression des sépultures dans les églises, l'établissement des cimetieres hors des villes, la diminution du nombre des fêtes, même celle qu'ont ordonnée des évêques qui n'avaient jamais lu ses ouvrages, enfin l'abolition de la servitude de la glebe, et celle de la torture. Tous ces changements se sont faits, à la vérité, lentement, à demi, et comme si l'on eût voulu prouver, en les faisant, qu'on suivait non sa propre raison, mais qu'on cédait à l'impulsion irrésistible que M. de Voltaire avait donnée aux esprits.

La tolérance qu'il avait tant prêchée s'est établie, peu de temps après sa mort, en Suede et dans les états héréditaires de la maison d'Autriche; et, quoi qu'on en dise, nous la verrons bientôt s'établir en France.

ÉPITRE DÉDICATOIRE.

nos contemporains font de noble et d'utile. Les justes éloges sont un parfum qu'on réserve pour embaumer les morts. Un homme fait du bien, on étouffe ce bien pendant qu'il respire; et si on en parle, on l'exténue, on le défigure : n'est-il plus, on exagère son mérite pour abaisser ceux qui vivent.

Je veux du moins que ceux qui pourront lire ce petit ouvrage, sachent qu'il y a dans Paris plus d'un homme estimable et malheureux secouru par vous; je veux qu'on sache que tandis que vous occupez votre loisir à faire revivre, par les soins les plus coûteux et les plus pénibles, un art utile perdu dans l'Asie qui l'inventa, vous faites renaître un secret plus ignoré, celui de soulager par vos bienfaits cachés la vertu indigente (1).

Je n'ignore pas qu'à Paris il y a, dans ce qu'on appelle le monde, des gens qui croient pouvoir donner des ridicules aux belles actions, qu'ils sont incapables de faire; et c'est ce qui redouble mon respect pour vous.

P. S. Je ne mets point mon inutile nom au bas de cette épitre, parceque je ne l'ai jamais mis à aucun de mes ouvrages; et quand on le voit à la tête d'un livre ou dans une affiche, qu'on s'en prenne uniquement à l'afficheur ou au libraire.

---

(1) M. le comte de Lauraguais avait fait une pension au célèbre du Marsais, qui, sans lui, eût traîné sa vieillesse dans la misère. Le gouvernement ne lui donnait aucun secours, parcequ'il était soupçonné d'être janséniste, et même d'avoir écrit en faveur du gouvernement contre les prétentions de la cour de Rome.

A MESSIEURS LES PARISIENS. (1)

M<small>ESSIEURS</small>,

Je suis forcé par l'illustre M. F..... de m'exposer *vis-à-vis* de vous. Je parlerai sur le *ton* du sentiment et du respect ; ma plainte sera marquée au *coin* de la bienséance, et éclairée du *flambeau* de la vérité. J'espere que M. F..... sera confondu *vis-à-vis* des honnêtes gens qui ne sont pas accoutumés à se prêter aux méchancetés de ceux qui, n'étant pas *sentimentés*, font *métier et marchandise* d'insulter *le tiers et le quart*, sans aucune *provocation*, comme dit Cicéron dans l'oraison *pro Murena*, page 4.

Messieurs, je m'appelle Jérôme Carré, natif de Montauban ; je suis un pauvre jeune homme sans fortune ; et comme la volonté me change d'entrer dans Montauban, à cause que M. L. F..... de P..... m'y persécute, je suis venu implorer la protection des Parisiens. J'ai traduit la comédie de l'Ecossaise de M. Hume. Les comédiens français et les italiens voulaient la représenter : elle aurait peut-être été jouée cinq ou six fois, et voila que M. F..... emploie son autorité et son crédit pour empêcher ma traduction de paraître ; lui qui encourageait tant

---

(1) Cette plaisanterie fut publiée la veille de la représentation.

les jeunes gens, quand il était jésuite, les opprime aujourd'hui : il a fait une feuille entière contre moi; il commence par dire méchamment que ma traduction vient de Geneve, pour me faire *suspecter* d'être hérétique.

Ensuite il appelle M. Hume, M. Home; et puis il dit que M. Hume le prêtre, auteur de cette piece, n'est pas parent de M. Hume le philosophe. Qu'il consulte seulement le journal encyclopédique du mois d'avril 1758, journal que je regarde comme le premier des cent soixante-treize journaux qui paraissent tous les mois en Europe, il y verra cette annonce, page 137.

« L'auteur de Douglas est le ministre Hume, pa-
« rent du fameux David Hume, si célebre par son
« impiété. »

Je ne sais pas si M. David Hume est impie : s'il l'est, j'en suis bien fâché, et je prie Dieu pour lui, comme je le dois; mais il résulte que l'auteur de l'Ecossaise est M. Hume le prêtre, parent de M. David Hume; ce qu'il fallait prouver, et ce qui est très indifférent.

J'avoue à ma honte que je l'ai cru son frere; mais qu'il soit frere ou cousin, il est toujours certain qu'il est l'auteur de l'Ecossaise. Il est vrai que, dans le journal que je cite, l'Ecossaise n'est pas expressément nommée; on n'y parle que d'Agis et de Douglas: mais c'est une bagatelle.

Il est si vrai qu'il est l'auteur de l'Ecossaise, que j'ai en main plusieurs de ses lettres, par lesquelles il me remercie de l'avoir traduite : en voici une que je soumets aux lumieres du charitable lecteur.

My dear translator, mon cher traducteur, *you have committed many a blunder in your performance*, vous avez fait plusieurs balourdises dans votre traduction : *you have quite impoverish'd the character of Wasp, and you have blotted his chastisement at the end of the drama*....... vous avez affaibli le caractere de Frélon, et vous avez supprimé son châtiment à la fin de la piece.

Il est vrai, et je l'ai déja dit, que j'ai fort adouci les traits dont l'auteur peint son Wasp, (ce mot *wasp* veut dire *frélon*); mais je ne l'ai fait que par le conseil des personnes les plus judicieuses de Paris. La politesse française ne permet pas certains termes que la liberté anglaise emploie volontiers. Si je suis coupable, c'est par excès de retenue : et j'espere que messieurs les Parisiens, dont je demande la protection, pardonneront les défauts de la piece en faveur de ma circonspection.

Il semble que M. Hume ait fait sa comédie uniquement dans la vue de mettre son Wasp sur la scene, et moi j'ai retranché tout ce que j'ai pu de ce personnage : j'ai aussi retranché quelque chose de mylady Alton, pour m'éloigner moins de vos mœurs, et pour faire voir quel est mon respect pour les dames.

M. F....., dans la vue de me nuire, dit dans sa feuille, page 114, qu'on l'appelle aussi Frélon, que plusieurs personnes de mérite l'ont souvent nommé ainsi. Mais, messieurs, qu'est-ce que cela peut avoir de commun avec un personnage anglais dans la piece de M. Hume? Vous voyez bien qu'il ne cherche que de vains prétextes pour me ravir la protection dont je vous supplie de m'honorer.

Voyez, je vous prie, jusqu'où va sa malice : il dit, page 115, que le bruit courut long-temps qu'*il avait été condamné aux galeres;* et il affirme qu'en effet, pour la condamnation, elle n'a jamais eu lieu : mais, je vous en supplie, que ce monsieur ait été aux galeres quelque temps, ou qu'il y aille, quel rapport cette anecdote peut-elle avoir avec la traduction d'un drame anglais ? Il parle des raisons qui *pouvaient*, dit-il, *lui avoir attiré ce malheur.* Je vous jure, messieurs, que je n'entre dans aucune de ces raisons ; il peut y en avoir de bonnes, sans que M. Hume doive s'en inquiéter : qu'il aille aux galeres ou non, je n'en suis pas moins le traducteur de l'Ecossaise. Je vous demande, messieurs, votre protection contre lui. Recevez ce petit drame avec cette affabilité que vous témoignez aux étrangers.

J'ai l'honneur d'être avec un profond respect,
MESSIEURS,

>Votre très humble et très obéissant serviteur, Jérôme Carré, natif de Montauban, demeurant dans l'impasse de Saint-Thomas du Louvre ; car j'appelle *impasse*, messieurs, ce que vous appelez *cul-de-sac*. Je trouve qu'une rue ne ressemble ni a un cul ni à un sac. Je vous prie de vous servir du mot *impasse*, qui est noble, sonore, intelligible, nécessaire, au lieu de celui de cul, en dépit du sieur F...., ci-devant j......

AVERTISSEMENT.

Cette lettre de M. Jérôme Carré eut tout l'effet qu'elle méritait. La piece fut représentée au commencement d'auguste 1760. On commença tard; et quelqu'un demandant pourquoi on attendait si long-temps: *C'est apparemment*, répondit tout haut un homme d'esprit, *que F..... est monté à l'hôtel-de-ville*. Comme ce F..... avait eu l'inadvertance de se reconnaître dans la comédie de l'Ecossaise, quoique M. Hume ne l'eût jamais eu en vue, le public le reconnut aussi. La comédie était sue de tout le monde par cœur avant qu'on la jouât, et cependant elle fut reçue avec un succès prodigieux. F..... fit encore la faute d'imprimer dans je ne sais quelles feuilles, intitulées l'Année littéraire, que l'Ecossaise n'avait réussi qu'a l'aide d'une cabale composée de douze à quinze cents personnes, qui toutes, disait-il, le haïssaient et le méprisaient souverainement. Mais M. Jérôme Carré était bien loin de faire des cabales; tout Paris sait assez qu'il n'est pas à portée d'en faire : d'ailleurs il n'avait jamais vu ce F....., et il ne pouvait comprendre pourquoi tous les spectateurs s'obstinaient à voir F..... dans Frélon. Un avocat, à la seconde représentation, s'écria : *Courage, monsieur Carré; vengez le public !* Le parterre et les loges applaudirent à ces paroles par des battements de mains qui ne finissaient point. Carré, au sortir du spectacle, fut embrassé par plus de cent personnes. Que vous êtes aimable, M. Carré, lui disait-on, d'avoir fait justice de cet homme dont les mœurs sont encore plus odieuses que la plume ! Eh, messieurs, répondit Carré, vous me faites plus d'honneur que je ne mérite ; je ne suis qu'un pauvre traducteur d'une comédie pleine de morale et d'intérêt.

Comme il parlait ainsi sur l'escalier, il fut barbouillé de deux baisers par la femme de F..... Que je vous suis obligée, dit-elle, d'avoir puni mon mari ! mais vous ne le corrigerez point. L'innocent Carré était tout confondu ; il ne comprenait pas comment un personnage anglais pouvait être pris pour un Français nommé F....., et toute la France lui faisait compliment de l'avoir peint trait pour trait. Ce jeune homme apprit par cette aventure combien il faut avoir de circonspection : il comprit en général que toutes les fois qu'on fait le portrait d'un homme ridicule, il se trouve toujours quelqu'un qui lui ressemble.

Ce rôle de Frélon était très peu important dans la piece ; il ne contribua en rien au vrai succès, car elle reçut dans plusieurs provinces les mêmes applaudissements qu'à Paris. On peut dire à cela que ce Frélon était autant estimé dans les provinces que dans la capitale ; mais il est bien plus vraisemblable que le vif intérêt qui regne dans la piece de M. Hume en a fait tout le succès. Peignez un faquin, vous ne réussirez qu'auprès de quelques personnes : intéressez, vous plairez à tout le monde.

Quoi qu'il en soit, voici la traduction d'une lettre de mylord Boldthinker au prétendu Hume, au sujet de sa piece de l'Ecossaise.

« Je crois, mon cher Hume, que vous avez en-
« core quelque talent; vous en êtes comptable à la
« nation : c'est peu d'avoir immolé ce vilain Fréron
« à la risée publique sur tous les théâtres de l'Eu-
« rope, où l'on joue votre aimable et vertueuse
« Ecossaise : faites plus; mettez sur la scene tous ces
« vils persécuteurs de la littérature, tous ces hypo-
« crites noircis de vices, et calomniateurs de la
« vertu ; traînez sur le théâtre, devant le tribunal
« du public, ces fanatiques enragés qui jettent leur
« ecume sur l'innocence, et ces hommes faux qui
« vous flattent d'un œil et qui vous menacent de
« l'autre, qui n'osent parler devant un philosophe,
« et qui tâchent de le détruire en secret; exposez au
« grand jour ces détestables cabales qui voudraient
« replonger les hommes dans les ténèbres.

« Vous avez gardé trop long temps le silence : on
« ne gagne rien à vouloir adoucir les pervers; il n'y
« a plus d'autre moyen de rendre les lettres respec-
« tables que de faire trembler ceux qui les outra-
« gent. C'est le dernier parti que prit Pope avant
« que de mourir : il rendit ridicules à jamais, dans
« sa Dunciade, tous ceux qui devaient l'être ; ils
« n'oserent plus se montrer, ils disparurent; toute
« la nation lui applaudit: car si, dans les commen-
« cements, la malignité donna un peu de vogue à
« ces lâches ennemis de Pope, de Swift, et de leurs
« amis, la raison reprit bientôt le dessus. Les Zoïles
« ne sont soutenus qu'un temps. Le vrai talent des
« vers est une arme qu'il faut employer à venger le
« genre humain. Ce n'est pas les Pantolabes et les
« Nomentanus seulement qu'il faut effleurer; ce sont

… les Anitus et les Mélitus qu'il faut écraser. Un
« vers bien fait transmet à la derniere postérité
« la gloire d'un homme de bien et la honte d'un
« méchant. Travaillez, vous ne manquerez pas de
« matiere, etc.

PRÉFACE.

La comédie dont nous présentons la traduction aux amateurs de la littérature est de M. Hume (1), pasteur de l'église d'Edimbourg, déja connu par deux belles tragédies jouées à Londres : il est parent et ami de ce célebre philosophe M. Hume qui a creusé avec tant de hardiesse et de sagacité les fondements de la métaphysique et de la morale. Ces deux philosophes font également honneur à l'Ecosse leur patrie.

La comédie intitulée l'Ecossaise nous parut un de ces ouvrages qui peuvent réussir dans toutes les langues, parceque l'auteur peint la nature, qui est par-tout la même : il a la naiveté et la vérité de l'estimable Goldoni, avec peut-être plus d'intrigue, de force, et d'intérêt. Le dénouement, le caractere de l'héroine et celui de Freeport, ne ressemblent à rien de ce que nous connaissons sur les théâtres de France ; et cependant c'est la nature pure. Cette piece parait un peu dans le goût de ces romans anglais qui ont fait tant de fortune ; ce sont des touches semblables, la même peinture des mœurs ; rien de recherché, nulle envie d'avoir de l'esprit, et de montrer misérablement l'auteur quand on ne doit montrer que les personnages ; rien d'é-

---

(1) On sent bien que c'était une plaisanterie d'attribuer cette piece à M. Hume.

tranger au sujet; point de tirade d'écolier, de ces maximes triviales qui remplissent le vide de l'action : c'est une justice que nous sommes obligés de rendre à notre célebre auteur.

Nous avouons en même temps que nous avons cru, par le conseil des hommes les plus éclairés, devoir retrancher quelque chose du rôle de Frélon, qui paraissait encore dans les derniers actes : il était puni, comme de raison, à la fin de la piece ; mais cette justice qu'on lui rendait semblait mêler un peu de froideur au vif intérêt qui entraîne l'esprit au dénouement.

De plus le caractere de Frélon est si lâche et si odieux, que nous avons voulu épargner aux lecteurs la vue trop fréquente de ce personnage, plus dégoûtant que comique. Nous convenons qu'il est dans la nature ; car, dans les grandes villes où la presse jouit de quelque liberté, on trouve toujours quelques uns de ces misérables qui se font un revenu de leur impudence, de ces Arétins subalternes qui gagnent leur pain à dire et à faire du mal, sous le prétexte d'être utiles aux belles lettres ; comme si les vers qui rongent les fruits et les fleurs pouvaient leur être utiles !

L'un des deux illustres savants, et, pour nous exprimer encore plus correctement, l'un de ces deux hommes de génie qui ont présidé au Dictionnaire encyclopédique, à cet ouvrage nécessaire au genre humain, dont la suspension fait gémir l'Europe ; l'un de ces deux grands hommes, dis-je, dans des essais qu'il s'est amusé à faire sur l'art de la comédie, remarque très judicieusement que l'on doit songer à mettre sur le théâtre les conditions et les états des hommes. L'emploi du Frélon de M. Hume est une espece d'état en Angleterre : il y a même une taxe établie sur les feuilles de ces gens-là. Ni cet état ni ce caractere ne paraissaient dignes du théâtre en France : mais le pinceau anglais ne dédaigne rien ; il se plaît quelquefois à tracer des objets dont la bassesse peut révolter quelques autres nations. Il n'importe aux Anglais que le sujet soit bas, pourvu qu'il soit vrai. Ils disent que la comédie étend ses droits sur tous les caracteres et sur toutes les conditions ; que tout ce qui est dans la nature doit être peint ; que nous avons une fausse délicatesse, et que l'homme le plus méprisable peut servir de contraste au plus galant homme.

J'ajouterai, pour la justification de M. Hume, qu'il a l'art de ne présenter son Frélon que dans des moments où l'intérêt n'est pas encore vif et touchant. Il a imité ces peintres qui peignent un crapaud, un lézard, une couleuvre, dans un coin du tableau, en conservant aux personnages la noblesse de leur caractere.

Ce qui nous a frappé vivement dans cette piece, c'est que l'unité de temps, de lieu, et d'action, y est observée scrupuleusement. Elle a encore ce mérite, rare chez les Anglais comme chez les Italiens, que le théâtre n'est jamais vide. Rien n'est plus commun et plus choquant que de voir deux acteurs sortir de la scene, et deux autres venir à leur place sans être appelés, sans être attendus ; ce défaut insupportable ne se trouve point dans l'Ecossaise.

Quant au genre de la piece, il est dans le haut

comique, mêlé au genre de la simple comédie. L'honnête homme y sourit de ce sourire de l'ame, préférable au rire de la bouche. Il y a des endroits attendrissants jusques aux larmes, mais sans pourtant qu'aucun personnage s'étudie à être pathétique : car de même que la bonne plaisanterie consiste à ne vouloir point être plaisant, ainsi celui qui vous émeut ne songe point à vous émouvoir ; il n'est point rhétoricien, tout part du cœur. Malheur à celui qui tâche, dans quelque genre que ce puisse être !

Nous ne savons pas si cette piece pourrait être représentée à Paris ; notre état et notre vie, qui ne nous ont pas permis de fréquenter souvent les spectacles, nous laissent dans l'impuissance de juger quel effet une piece anglaise ferait en France.

Tout ce que nous pouvons dire, c'est que, malgré tous les efforts que nous avons faits pour rendre exactement l'original, nous sommes très loin d'avoir atteint au mérite de ses expressions, toujours fortes et toujours naturelles.

Ce qui est beaucoup plus important, c'est que cette comédie est d'une excellente morale, et digne de la gravité du sacerdoce dont l'auteur est revêtu, sans rien perdre de ce qui peut plaire aux honnêtes gens du monde.

La comédie ainsi traitée est un des plus utiles efforts de l'esprit humain : il faut convenir que c'est un art, et un art très difficile. Tout le monde peut compiler des faits et des raisonnements : il est aisé d'apprendre la trigonométrie ; mais tout art demande un talent, et le talent est rare.

PRÉFACE.

Nous ne pouvons mieux finir cette préface que par ce passage de notre compatriote Montaigne sur les spectacles.

« J'ai soustenu les premiers personnages ez trage-
« dies latines de Bucanan, de Guerente, et de
« Muret, qui se representerent à nostre college de
« Guienne, avecques dignité. En cela, Andreas Go-
« veanus nostre principal, comme en toutes aultres
« parties de sa charge, feut le plus grand principal de
« France ; et m'en tenoit on maistre ouvrier. C'est
« un exercice que ie ne mesloue point aux ieunes
« enfants de maison ; et ai veu nos princes s'y adonner
« depuis en personne, à l'exemple d'aulcuns des
« anciens, honnestement et louablement : il étoit loi-
« sible mesme d'en faire mestier aux gents d'honneur
« en Grece, *Aristoni tragico actori rem aperit:*
« *huic et genus et fortuna honesta erant ; nec*
« *ars, quia nihil tale apud Græcos pudori est,*
« *ea deformabat* : car i'ai tousiours accusé d'im-
« pertinence ceulx qui condamnent ces esbattements;
« et d'iniustice ceulx qui refusent l'entree de nos
« bonnes villes aux comediens qui le valent, et en
« vient au peuple ces plaisirs publicques. Les bonnes
« polices prennent soin d'assembler les citoyens, et
« les rallier, comme aux offices serieux de la devo-
« tion, aussi aux exercices et ieux ; la societé et
« amitié s'en augmente : et puis on ne leur sçauroit
« conceder des passetemps plus reglez que ceulx qui
« se font en presence de chascun, et à la veue mesme
« du magistrat ; et trouverois raisonnable que le ma-
« gistrat, et le prince à ses despens, en gratifiast
« quelquefois la commune, d'une affection et bonté

« comme paternelle ; et qu'aux villes populeuses il y
« eust des lieux destinez et disposez pour ces spec-
« tacles ; quelque divertissement de pires actions et
« occultes. Pour revenir à mon propos, il n'y a tel
« que d'alleicher l'appetit et l'affection : aultrement
« on ne faict que des asnes chargez de livres ; on leur
« donne à coups de fouet, en garde, leur pochette
« pleine de science ; laquelle pour bien faire, il ne
« fault pas seulement loger chez soi, il la fault es-
« pouser ». *Essais*, l. I, ch. 25, à la fin.

ACTEURS.

Maître FABRICE, tenant un café avec des appartements.

LINDANE, Ecossaise.

Le lord MONROSE, Ecossais.

Le lord MURRAI.

POLLY, suivante.

FREEPORT, qu'on prononce FRIPORT, gros négociant de Londres.

FRÉLON, écrivain de feuilles.

Lady ALTON: on prononce Lédy.

PLUSIEURS ANGLAIS, qui viennent au café.

DOMESTIQUES.

UN MESSAGER D'ÉTAT.

La scene est à Londres.

L'ÉCOSSAISE,

COMÉDIE.

ACTE PREMIER.

SCENE I.

La scene représente un café et des chambres sur les ailes, de façon qu'on peut entrer de plain pied des appartements dans le café (1).

FABRICE, FRÉLON.

FRÉLON, *dans un coin, auprès d'une table sur laquelle il y a une écritoire et du café, lisant la gazette.*

Que de nouvelles affligeantes! Des graces répandues sur plus de vingt personnes! aucunes sur moi! Cent guinées de gratification à un bas-officier, par ce qu'il a fait son devoir; le beau mérite! Une pension à l'inventeur d'une machine qui ne sert qu'à soulager des ouvriers! une à un pilote! Des places à des gens de lettres! et à moi rien! Encore, en-

---

(1) On a fait hausser et baisser une toile au théâtre de Paris, pour marquer le passage d'une chambre à une autre: la vraisemblance et la décence ont été bien mieux observées à Lyon, à Marseille, et ailleurs. Il y avait sur le théâtre un cabinet à côté du café. C'est ainsi qu'on aurait dû en user à Paris.

core, et à moi rien! (*il jette la gazette et se promene.*) Cependant je rends service à l'état; j'écris plus de feuilles que personne; je fais enchérir le papier.... et à moi rien! Je voudrais me venger de tous ceux à qui on croit du mérite. Je gagne déja quelque chose à dire du mal; si je puis parvenir à en faire, ma fortune est faite. J'ai loué des sots, j'ai dénigré les talents; à peine y a t-il de quoi vivre. Ce n'est pas à médire, c'est à nuire qu'on fait fortune.

(*au maître du café.*)

Bon jour, M. Fabrice, bon jour. Toutes les affaires vont bien, hors les miennes : j'enrage.

FABRICE.

M. Frélon, M. Frélon, vous vous faites bien des ennemis.

FRÉLON.

Oui, je crois que j'excite un peu d'envie.

FABRICE.

Non, sur mon ame, ce n'est point du tout ce sentiment-là que vous faites naître : écoutez; j'ai quelque amitié pour vous; je suis fâché d'entendre parler de vous comme on en parle. Comment faites-vous donc pour avoir tant d'ennemis, M. Frélon?

FRÉLON.

C'est que j'ai du mérite, M. Fabrice.

FABRICE.

Cela peut être, mais il n'y a encore que vous qui me l'ayez dit : on prétend que vous êtes un ignorant; cela ne me fait rien : mais on ajoute que vous êtes malicieux, et cela me fâche, car je suis bon homme.

FRÉLON.

J'ai le cœur bon, j'ai le cœur tendre; je dis un peu de mal des hommes, mais j'aime toutes les femmes, M. Fabrice, pourvu qu'elles soient jolies;

et, pour vous le prouver, je veux absolument que vous m'introduisiez chez cette aimable personne qui loge chez vous, et que je n'ai pu encore voir dans son appartement.

FABRICE.

Oh, pardi ! M. Frélon, cette jeune personne-là n'est guere faite pour vous ; car elle ne se vante jamais, et ne dit de mal de personne.

FRÉLON.

Elle ne dit de mal de personne, parcequ'elle ne connait personne. N'en seriez vous point amoureux, mon cher M. Fabrice ?

FABRICE.

Oh ! non : elle a quelque chose de si noble dans son air, que je n'ose jamais être amoureux d'elle : d'ailleurs sa vertu.....

FRÉLON.

Ha ! ha ! ha ! ha ! sa vertu !....

FABRICE

Oui, qu'avez-vous à rire ? est-ce que vous ne croyez pas à la vertu, vous ? Voilà un équipage de campagne qui s'arrête à ma porte ; un domestique en livrée qui porte une malle : c'est quelque seigneur qui vient loger chez moi.

FRÉLON.

Recommandez-moi vite à lui, mon cher ami.

SCENE II.

LE LORD MONROSE, FABRICE, FRÉLON.

MONROSE.

Vous êtes M. Fabrice, à ce que je crois ?

FABRICE.

A vous servir, monsieur.

MONROSE.

Je n'ai que peu de jours à rester dans cette ville.

O ciel! daigne m'y protéger...... Infortuné que je suis!.... On m'a dit que je serais mieux chez vous qu'ailleurs, que vous êtes un bon et honnête homme.

FABRICE.

Chacun doit l'être. Vous trouverez ici, monsieur toutes les commodités de la vie, un appartement assez propre, table d'hôte, si vous daignez me faire cet honneur, liberté de manger chez vous, l'amusement de la conversation dans le café.

MONROSE.

Avez-vous ici beaucoup de locataires?

FABRICE.

Nous n'avons à présent qu'une jeune personne, très belle et très vertueuse.

FRÉLON.

Eh, oui, très vertueuse! hé! hé!

FABRICE.

Qui vit dans la plus grande retraite.

MONROSE.

La jeunesse et la beauté ne sont pas faites pour moi. Qu'on me prépare, je vous prie, un appartement où je puisse être en solitude..... Que de peines!.... Y a-t-il quelque nouvelle intéressante dans Londres?

FABRICE.

M. Frélon peut vous en instruire, car il en fait; c'est l'homme du monde qui parle et qui écrit le plus: il est très utile aux étrangers.

MONROSE, *en se promenant.*

Je n'en ai que faire.

FABRICE.

Je vais donner ordre que vous soyez bien servi.

(*il sort.*)

FRÉLON.

Voici un nouveau débarqué : c'est un grand seigneur, sans doute, car il a l'air de ne se soucier de personne. Mylord, permettez que je vous présente mes hommages et ma plume.

MONROSE.

Je ne suis point mylord ; c'est être un sot de se glorifier de son titre, et c'est être un faussaire de s'arroger un titre qu'on n'a pas. Je suis ce que je suis : quel est votre emploi dans la maison ?

FRÉLON.

Je ne suis point de la maison, monsieur; je passe ma vie au café ; j'y compose des brochures, des feuilles ; je sers les honnêtes gens. Si vous avez quelque ami à qui vous vouliez donner des éloges, ou quelque ennemi dont on doive dire du mal, quelque auteur à protéger ou à décrier, il n'en coûte qu'une pistole par paragraphe. Si vous voulez faire quelque connaissance agréable ou utile, je suis encore votre homme.

MONROSE.

Et vous ne faites point d'autre métier dans la ville ?

FRÉLON.

Monsieur, c'est un très bon métier.

MONROSE.

Et on ne vous a pas encore montré en public le cou décoré d'un collier de fer de quatre pouces de hauteur ?

FRÉLON.

Voilà un homme qui n'aime pas la littérature.

SCENE III.

FRÉLON, *se remettant à sa table. Plusieurs personnes paraissent dans l'intérieur du café.* MONROSE *avance sur le bord du théâtre.*

MONROSE

Mes infortunes sont-elles assez longues, assez affreuses ? Errant, proscrit, condamné à perdre la tête dans l'Ecosse ma patrie, j'ai perdu mes honneurs, ma femme, mon fils, ma famille entière : une fille me reste, errante comme moi, misérable, et peut-être déshonorée; et je mourrai donc sans être vengé de cette barbare famille de Murrai, qui m'a persécuté, qui m'a tout ôté, qui m'a rayé du nombre des vivants! car enfin je n'existe plus; j'ai perdu jusqu'à mon nom par l'arrêt qui me condamne en Ecosse; je ne suis qu'une ombre qui vient errer autour de son tombeau.

(*un de ceux qui sont entrés dans le café, frappant sur l'épaule de Frélon qui écrit.*)

Eh bien! tu étais hier à la piece nouvelle; l'auteur fut bien applaudi; c'est un jeune homme de mérite, et sans fortune, que la nation doit encourager.

UN AUTRE.

Je me soucie bien d'une piece nouvelle. Les affaires publiques me désesperent; toutes les denrées sont à bon marché; on nage dans une abondance pernicieuse; je suis perdu, je suis ruiné.

FRÉLON, *écrivant.*

Cela n'est pas vrai; la piece ne vaut rien; l'auteur est un sot, et ses protecteurs aussi; les affaires publiques n'ont jamais été plus mauvaises; tout renchérit; l'état est anéanti, et je le prouve par mes feuilles.

UN SECOND.

Tes feuilles sont des feuilles de chêne; la vérité est que la philosophie est bien dangereuse, et que c'est elle qui nous a fait perdre l'isle de Minorque.

MONROSE, *toujours sur le devant du théâtre.*

Le fils de mylord Murrai me paiera tous mes malheurs. Que ne puis-je au moins, avant de périr, punir par le sang du fils toutes les barbaries du pere!

UN TROISIEME INTERLOCUTEUR, *dans le fond.*
La piece d'hier m'a paru très bonne.
####### FRÉLON.
Le mauvais goût gagne ; elle est détestable.
####### LE TROISIEME INTERLOCUTEUR.
Il n'y a de détestable que tes critiques.
####### LE SECOND.
Et moi je vous dis que les philosophes font baisser les fonds publics, et qu'il faut envoyer un autre ambassadeur à la Porte.
####### FRÉLON.
Il faut siffler la piece qui réussit, et ne pas souffrir qu'il se fasse rien de bon.
(*ils parlent tous quatre en même temps.*)
####### UN INTERLOCUTEUR.
Va, s'il n'y avait rien de bon, tu perdrais le plus grand plaisir de la satire. Le cinquieme acte surtout a de très grandes beautés.
####### LE SECOND INTERLOCUTEUR.
Je n'ai pu me défaire d'aucune de mes marchandises.
####### LE TROISIEME.
Il y a beaucoup à craindre cette année pour la Jamaique ; ces philosophes la feront prendre.
####### FRÉLON.
Le quatrieme et le cinquieme actes sont pitoyables.
####### MONROSE, *se tournant.*
Quel sabbat !
####### LE PREMIER INTERLOCUTEUR.
Le gouvernement ne peut pas subsister tel qu'il est.
####### LE TROISIEME INTERLOCUTEUR.
Si le prix de l'eau des Barbades ne baisse pas, la patrie est perdue.
####### MONROSE.
Se peut il que toujours, et en tout pays, dès que les hommes sont rassemblés, ils parlent tous à la

fois ! quelle rage de parler avec la certitude de n'être point entendu !

FABRICE, *arrivant avec une serviette.*

Messieurs, on a servi : sur-tout ne vous querellez point à table, ou je ne vous reçois plus chez moi. (*à Monrose.*) Monsieur veut-il nous faire l'honneur de venir dîner avec nous ?

MONROSE.

Avec cette cohue ? non, mon ami ; faites-moi apporter à manger dans ma chambre. (*il se retire à part, et dit à Fabrice :*) Ecoutez, un mot : mylord Falbrige est-il à Londres ?

FABRICE.

Non, mais il revient bientôt.

MONROSE.

Est-il vrai qu'il vient ici quelquefois ?

FABRICE.

Il m'a fait cet honneur.

MONROSE.

Cela suffit : bon jour. Que la vie m'est odieuse !

(*il sort.*)

FABRICE.

Cet homme-là me paraît accablé de chagrins et d'idées. Je ne serais point surpris qu'il allât se tuer là-haut : ce serait dommage, il a l'air d'un honnête homme.

(*les survenants sortent pour dîner. Frélon est toujours à la table où il écrit. Ensuite Fabrice frappe à la porte de l'appartement de Lindane.*)

SCÈNE IV.

FABRICE, POLLY, FRÉLON.

FABRICE.

Mademoiselle Polly ! mademoiselle Polly !

ACTE I, SCÈNE IV.

POLLY.

Eh bien! qu'y a-t-il, notre cher hôte?

FABRICE.

Seriez-vous assez complaisante pour venir dîner en compagnie?

POLLY.

Hélas! je n'ose, car ma maîtresse ne mange point: comment voulez-vous que je mange? nous sommes si tristes!

FABRICE.

Cela vous égayera.

POLLY.

Je ne puis être gaie : quand ma maîtresse souffre, il faut que je souffre avec elle.

FABRICE.

Je vous enverrai donc secrètement ce qu'il vous faudra. (*il sort.*)

FRÉLON, *se levant de sa table.*

Je vous suis, M. Fabrice. Ma chere Polly, vous ne voulez donc jamais m'introduire chez votre maîtresse? vous rebutez toutes mes prieres.

POLLY.

C'est bien à vous d'oser faire l'amoureux d'une personne de sa sorte.

FRÉLON.

Eh, de quelle sorte est-elle donc?

POLLY.

D'une sorte qu'il faut respecter: vous êtes fait tout au plus pour les suivantes.

FRÉLON.

C'est-à-dire que, si je vous en contais, vous m'aimeriez?

POLLY.

Assurément non.

FRÉLON.

Et pourquoi donc ta maîtresse s'obstine-t-elle à ne

point me recevoir, et que la suivante me dédaigne ?

POLLY.

Pour trois raisons ; c'est que vous êtes bel-esprit, ennuyeux, et méchant.

FRÉLON.

C'est bien à ta maîtresse, qui languit ici dans la pauvreté, et qui est nourrie par charité, à me dédaigner !

POLLY.

Ma maîtresse pauvre ! qui vous a dit cela, langue de vipere ? ma maîtresse est très riche : si elle ne fait point de dépense, c'est qu'elle hait le faste : elle est vêtue simplement par modestie ; elle mange peu, c'est par régime, et vous êtes un impertinent.

FRÉLON.

Qu'elle ne fasse pas tant la fiere : nous connaissons sa conduite, nous savons sa naissance, nous n'ignorons pas ses aventures.

POLLY.

Quoi donc ? que connaissez-vous ? que voulez-vous dire ?

FRÉLON.

J'ai par-tout des correspondances.

POLLY.

O ciel ! cet homme peut nous perdre. M. Frélon, mon cher M. Frélon, si vous savez quelque chose, ne nous trahissez pas.

FRÉLON.

Ah, ah, j'ai donc deviné ; il y a donc quelque chose, et je suis le cher M. Frélon. Ah çà, je ne dirai rien ; mais il faut....

POLLY.

Quoi ?

FRÉLON.

Il faut m'aimer.

ACTE I, SCÈNE IV.

POLLY.

Fi donc! cela n'est pas possible.

FRÉLON.

Ou aimez-moi, ou craignez-moi : vous savez qu'il y a quelque chose.

POLLY.

Non, il n'y a rien, sinon que ma maîtresse est aussi respectable que vous êtes haïssable : nous sommes très à notre aise, nous ne craignons rien, et nous nous moquons de vous.

FRÉLON.

Elles sont très à leur aise, de là je conclus qu'elles meurent de faim : elles ne craignent rien, c'est à-dire qu'elles tremblent d'être découvertes..... Ah! je viendrai à bout de ces aventurières, ou je ne pourrai. Je me vengerai de leur insolence. Mépriser M. Frélon! *(il sort.)*

SCENE V.

LINDANE, *sortant de sa chambre, dans un déshabillé des plus simples*, POLLY.

LINDANE.

Ah! ma pauvre Polly, tu étais avec ce vilain homme de Frélon : il me donne toujours de l'inquiétude : on dit que c'est un esprit de travers, et un cœur de boue, dont la langue, la plume et les démarches, sont également méchantes; qu'il cherche à s'insinuer par-tout pour faire le mal s'il n'y en a point, et pour l'augmenter s'il en trouve. Je serais sortie de cette maison qu'il fréquente, sans la probité et le bon cœur de notre hôte.

POLLY.

Il voulait absolument vous voir, et je le rembarrais.....

LINDANE.

Il veut me voir; et mylord Murrai n'est point venu! il n'est point venu depuis deux jours!

POLLY.

Non, madame; mais parceque mylord ne vient point, faut-il pour cela ne dîner jamais?

LINDANE.

Ah! souviens-toi sur-tout de lui cacher toujours ma misere, et à lui, et à tout le monde: je veux bien vivre de pain et d'eau; ce n'est point la pauvreté qui est intolérable, c'est le mépris: je sais manquer de tout, mais je veux qu'on l'ignore.

POLLY.

Hélas! ma chere maîtresse, on s'en apperçoit assez en me voyant: pour vous, ce n'est pas de même; la grandeur d'ame vous soutient: il semble que vous vous plaisiez à combattre la mauvaise fortune; vous n'en êtes que plus belle; mais moi, je maigris à vue d'œil : depuis un an que vous m'avez prise à votre service en Ecosse, je ne me reconnais plus.

LINDANE.

Il ne faut perdre ni le courage ni l'espérance: je supporte ma pauvreté, mais la tienne me déchire le cœur. Ma chere Polly, qu'au moins le travail de mes mains serve à rendre ta destinée moins affreuse: n'ayons d'obligation à personne; va vendre ce que j'ai brodé ces jours-ci. (*elle lui donne un petit ouvrage de broderie.*) Je ne réussis pas mal à ces petits ouvrages. Que mes mains te nourrissent et t'habillent: tu m'as aidée: il est beau de ne devoir notre subsistance qu'à notre vertu.

POLLY.

Laissez-moi baiser, laissez moi arroser de mes larmes ces belles mains qui ont fait ce travail précieux. Oui, madame, j'aimerais mieux mourir auprès de vous dans l'indigence que de servir des reines. Que ne puis-je vous consoler !

LINDANE.

Hélas ! mylord Murrai n'est point venu ! lui, que je devrais haïr ! lui, le fils de celui qui a fait tous nos malheurs ! Ah ! le nom de Murrai nous sera toujours funeste : s'il vient, comme il viendra sans doute, qu'il ignore absolument ma patrie, mon état, mon infortune.

POLLY.

Savez-vous bien que ce méchant Frélon se vante d'en avoir quelque connaissance ?

LINDANE.

Eh ! comment pourrait-il en être instruit, puisque tu l'es à peine ? Il ne sait rien ; personne ne m'écrit ; je suis dans ma chambre comme dans mon tombeau : mais il feint de savoir quelque chose, pour se rendre nécessaire. Garde-toi qu'il devine jamais seulement le lieu de ma naissance. Chere Polly, tu le sais, je suis une infortunée, dont le pere fut proscrit dans les derniers troubles, dont la famille est détruite ; il ne me reste que mon courage. Mon pere est errant de désert en désert en Ecosse. Je serais déja partie de Londres pour m'unir à sa mauvaise fortune, si je n'avais pas quelque espérance en mylord Falbrige. J'ai su qu'il avait été le meilleur ami de mon pere. Personne n'abandonne son ami. Falbrige est revenu d'Espagne ; il est à Windsor : j'attends son retour. Mais, hélas ! Murrai ne revient point. Je t'ai ouvert mon cœur ; songe que tu le perces du coup de la mort, si tu laisses jamais entrevoir l'état où je suis.

POLLY.

Et à qui en parlerais-je ? je ne sors jamais d'auprès de vous ; et puis le monde est si indifférent sur les malheurs d'autrui !

LINDANE.

Il est indifférent, Polly, mais il est curieux, mais il aime à déchirer les blessures des infortunés; et si les hommes sont compatissants avec les femmes, ils en abusent, ils veulent se faire un droit de notre misere; et je veux rendre cette misere respectable. Mais, hélas! mylord Murrai ne viendra point!

SCENE VI.

LINDANE, POLLY; FABRICE, *avec une serviette.*

FABRICE.

Pardonnez... madame... mademoiselle... Je ne sais comment vous nommer, ni comment vous parler: vous m'imposez du respect. Je sors de table pour vous demander vos volontés... je ne sais comment m'y prendre.

LINDANE.

Mon cher hôte, croyez que toutes vos attentions me pénetrent le cœur; que voulez-vous de moi?

FABRICE.

C'est moi qui voudrais bien que vous voulussiez avoir quelque volonté. Il me semble que vous n'avez pas diné hier.

LINDANE.

J'étais malade.

FABRICE.

Vous êtes plus que malade, vous êtes triste... Entre nous, pardonnez... il paraît que votre fortune n'est pas comme votre personne.

LINDANE.

Comment? quelle imagination! je ne me suis jamais plainte de ma fortune.

FABRICE.

Non, vous dis-je, elle n'est pas si belle, si bonne, si desirable que vous l'êtes.

LINDANE.
Que voulez-vous dire?

FABRICE.
Que vous touchez ici tout le monde, et que vous l'évitez trop. Ecoutez; je ne suis qu'un homme simple, qu'un homme du peuple; mais je vois tout votre mérite, comme si j'étais un homme de la cour : ma chere dame, un peu de bonne chere : nous avons là-haut un vieux gentilhomme avec qui vous devriez manger.

LINDANE.
Moi, me mettre à table avec un homme, avec un inconnu?

FABRICE.
C'est un vieillard qui me paraît tout votre fait. Vous paraissez bien affligée, il paraît bien triste aussi : deux afflictions mises ensemble peuvent devenir une consolation.

LINDANE.
Je ne veux, je ne peux voir personne.

FABRICE.
Souffrez au moins que ma femme vous fasse sa cour : daignez permettre qu'elle mange avec vous, pour vous tenir compagnie. Souffrez quelques soins...

LINDANE.
Je vous rends grace avec sensibilité; mais je n'ai besoin de rien.

FABRICE.
Oh! je n'y tiens pas; vous n'avez besoin de rien, et vous n'avez pas le nécessaire.

LINDANE.
Qui vous en a pu imposer si témérairement?

FABRICE.
Pardon!

LINDANE.
Ah! Polly, il est deux heures, et mylord Murraï ne viendra point!

FABRICE.

Eh bien! madame, ce mylord dont vous parlez, je sais que c'est l'homme le plus vertueux de la cour : vous ne l'avez jamais reçu ici que devant témoins ; pourquoi n'avoir pas fait avec lui honnêtement, devant témoins, quelques petits repas que j'aurais fournis ? C'est peut-être vôtre parent ?

LINDANE.

Vous extravaguez, mon cher hôte.

FABRICE, *en tirant Polly par la manche.*

Va, ma pauvre Polly, il y a un bon dîner tout prêt dans le cabinet qui donne dans la chambre de ta maîtresse, je t'en avertis. Cette femme-là est incompréhensible. Mais qui est donc cette autre dame qui entre dans mon café comme si c'était un homme ? elle a l'air bien furibond.

POLLY.

Ah! ma chere maîtresse, c'est mylady Alton, celle qui voulait épouser mylord ; je l'ai vue une fois rôder près d'ici : c'est elle.

LINDANE.

Mylord ne viendra point, c'en est fait ; je suis perdue : pourquoi me suis-je obstinée à vivre ?

(*elle rentre.*)

SCENE VII.

LADY ALTON, *ayant traversé avec colere le théâtre, et prenant Fabrice par le bras.*

Suivez-moi, il faut que je vous parle.

FABRICE.

A moi, madame ?

LADY ALTON.

A vous, malheureux.

FABRICE.

Quelle diablesse de femme!

FIN DU PREMIER ACTE.

ACTE SECOND.

SCENE I.

LADY ALTON, FABRICE.

LADY ALTON.

Je ne crois pas un mot de ce que vous me dites, M. le cafetier. Vous me mettez toute hors de moi-même.

FABRICE.

Eh bien! madame, rentrez donc toute dans vous-même.

LADY ALTON.

Vous m'osez assurer que cette aventuriere est une personne d'honneur, après qu'elle a reçu chez elle un homme de la cour : vous devriez mourir de honte.

FABRICE.

Pourquoi, madame? Quand mylord y est venu, il n'y est point venu en secret ; elle l'a reçu en public, les portes de son appartement ouvertes, ma femme présente. Vous pouvez mépriser mon état, mais vous devez estimer ma probité ; et quant à celle que vous appelez une aventuriere, si vous connaissiez ses mœurs, vous la respecteriez.

LADY ALTON.

Laissez-moi, vous m'importunez.

FABRICE.

Oh, quelle femme! quelle femme!

LADY ALTON, *elle va à la porte de Lindane, et frappe rudement.*

Qu'on m'ouvre.

SCENE II.

LINDANE, LADY ALTON.

LINDANE.

Eh! qui peut frapper ainsi? et que vois-je?

LADY ALTON.

Connaissez-vous les grandes passions, mademoiselle?

LINDANE.

Hélas! madame, voilà une étrange question.

LADY ALTON.

Connaissez-vous l'amour véritable, non pas l'amour insipide, l'amour langoureux; mais cet amour-là, qui fait qu'on voudrait empoisonner sa rivale, tuer son amant, et se jeter ensuite par la fenêtre?

LINDANE.

Mais c'est la rage dont vous me parlez là.

LADY ALTON.

Sachez que je n'aime point autrement, que je suis jalouse, vindicative, furieuse, implacable.

LINDANE.

Tant pis pour vous, madame.

LADY ALTON.

Répondez-moi; mylord Murrai n'est-il pas venu ici quelquefois?

LINDANE.

Que vous importe, madame? et de quel droit venez-vous m'interroger? suis-je une criminelle? êtes-vous mon juge?

LADY ALTON.

Je suis votre partie: si mylord vient encore vous

voir, si vous flattez la passion de cet infidele, tremblez : renoncez à lui, ou vous êtes perdue.

LINDANE.

Vos menaces m'affermiraient dans ma passion pour lui, si j'en avais une.

LADY ALTON.

Je vois que vous l'aimez, que vous vous laissez séduire par un perfide; je vois qu'il vous trompe, et que vous me bravez : mais sachez qu'il n'est point de vengeance à laquelle je ne me porte.

LINDANE.

Eh bien ! madame, puisqu'il est ainsi, je l'aime.

LADY ALTON.

Avant de me venger, je veux vous confondre ; tenez, connaissez le traître ; voilà les lettres qu'il m'a écrites; voilà son portrait qu'il m'a donné : ne le gardez pas au moins ; il faut le rendre, ou je...

LINDANE, *en rendant le portrait.*

Qu'ai-je vu, malheureuse !... Madame...

LADY ALTON.

Eh bien ?...

LINDANE.

Je ne l'aime plus.

LADY ALTON.

Gardez votre résolution et votre promesse ; sachez que c'est un homme inconstant, dur, orgueilleux, que c'est le plus mauvais caractere...

LINDANE.

Arrêtez, madame ; si vous continuiez à en dire du mal, je l'aimerais peut-être encore. Vous êtes venue ici pour achever de m'ôter la vie ; vous n'aurez pas de peine. Polly, c'en est fait ; viens m'aider à cacher la derniere de mes douleurs.

POLLY.

Qu'est-il donc arrivé, ma chere maîtresse ? et qu'est devenu votre courage ?

LINDANE.

On en a contre l'infortune, l'injustice, l'indigence; il y a cent traits qui s'émoussent sur un cœur noble; il en vient un qui porte enfin le coup de la mort.

(*elles sortent.*)

SCENE III.

LADY ALTON, FRÉLON.

LADY ALTON.

Quoi! être trahie, abandonnée pour cette petite créature! (*à Frélon.*) Gazetier littéraire, approchez; m'avez-vous servie? avez-vous employé vos correspondances? m'avez-vous obéi? avez-vous découvert quelle est cette insolente qui fait le malheur de ma vie?

FRÉLON.

J'ai rempli les volontés de votre grandeur; je sais qu'elle est Ecossaise, et qu'elle se cache.

LADY ALTON.

Voilà de belles nouvelles!

FRÉLON.

Je n'ai rien découvert de plus jusqu'à présent.

LADY ALTON.

Et en quoi m'as-tu donc servie?

FRÉLON.

Quand on découvre peu de chose, on ajoute quelque chose, et quelque chose avec quelque chose fait beaucoup. J'ai fait une hypothese.

LADY ALTON.

Comment, pédant! une hypothese!

FRÉLON.

Oui, j'ai supposé qu'elle est mal intentionnée contre le gouvernement.

LADY ALTON.

Ce n'est point supposer, rien n'est posé plus vrai : elle est très mal intentionnée, puisqu'elle veut m'enlever mon amant.

FRÉLON.

Vous voyez bien que, dans un temps de trouble, une Ecossaise qui se cache est une ennemie de l'état.

LADY ALTON.

Je ne le vois pas ; mais je voudrais que la chose fût.

FRÉLON.

Je ne le parierais pas, mais j'en jurerais.

LADY ALTON.

Et tu serais capable de l'affirmer devant des gens de conséquence ?

FRÉLON.

Je suis en relation avec des personnes de conséquence. Je connais fort la maîtresse du valet-de-chambre d'un premier commis du ministre ; je pourrais même parler aux laquais de mylord votre amant, et dire que le père de cette fille, en qualité de mal intentionné, l'a envoyée à Londres comme mal intentionnée ; je supposerais même que le père est ici. Voyez-vous, cela pourrait avoir des suites, et on mettrait votre rivale, pour ses mauvaises intentions, dans la prison où j'ai déjà été pour mes feuilles.

LADY ALTON.

Ah ! je respire ; les grandes passions veulent être servies par des gens sans scrupule ; je veux que le vaisseau aille à pleines voiles, ou qu'il se brise. Tu as raison ; une Ecossaise qui se cache, dans un temps où tous les gens de son pays sont suspects, est sûrement une ennemie de l'état ; tu n'es pas un imbécille, comme on le dit. Je croyais que tu n'étais qu'un barbouilleur de papier, mais je vois que tu as en effet des talents. Je t'ai déja récompensé; je te récompenserai encore. Il faudra m'instruire de tout ce qui se passe ici.

FRÉLON.

Madame, je vous conseille de faire usage de tout ce que vous saurez, et même de ce que vous ne saurez pas. La vérité a besoin de quelques ornements : le mensonge peut être vilain, mais la fiction est belle; qu'est ce, après tout, que la vérité? la conformité à nos idées : or ce qu'on dit est toujours conforme à l'idée qu'on a quand on parle; ainsi il n'y a point proprement de mensonge.

LADY ALTON.

Tu me parais subtil : il semble que tu aies étudié à Saint-Omer (*). Va, dis-moi seulement ce que tu découvriras, je ne t'en demande pas davantage.

SCENE IV.

LADY ALTON, FABRICE.

LADY ALTON.

Voilà, je l'avoue, le plus impudent et le plus lâche coquin qui soit dans les trois royaumes. Nos dogues mordent par instinct de courage; et lui, par instinct de bassesse. A présent que je suis un peu plus de sang-froid, je pense qu'il me ferait haïr la vengeance : je sens que je prendrais contre lui le parti de ma rivale. Elle a dans son état humble une fierté qui me plaît; elle est décente; on la dit sage : mais elle m'enleve mon amant, il n'y a pas moyen de pardonner. (*à Fabrice, qu'elle appercoit agissant dans le café.*) Adieu, mon maître; faisons

---

(1) Il y avait à Saint-Omer un college de jésuites anglais très renommé dans toute la Grande-Bretagne.

ACTE II, SCENE IV.

la paix: vous êtes un honnête homme; mais vous avez dans votre maison un vilain griffonneur.

FABRICE.

Bien des gens m'ont déja dit, madame, qu'il est aussi méchant que Lindane est vertueuse et aimable.

LADY ALTON.

Aimable! tu me perces le cœur.

SCENE V.

FREEPORT, *vêtu simplement, mais proprement, avec un large chapeau;* FABRICE.

FABRICE.

Ah! Dieu soit béni, vous voilà de retour, monsieur Freeport; comment vous trouvez-vous de votre voyage à la Jamaïque?

FREEPORT.

Fort bien, M. Fabrice. J'ai gagné beaucoup, mais je m'ennuie. (*au garçon de café.*) Hé, du chocolat, les papiers publics; on a plus de peine à s'amuser qu'à s'enrichir.

FABRICE.

Voulez-vous les feuilles de Frélon?

FREEPORT.

Non, que m'importe ce fatras? Je me soucie bien qu'une araignée dans le coin d'un mur marche sur sa toile pour sucer le sang des mouches. Donnez les gazettes ordinaires. Qu'y a-t-il de nouveau dans l'état?

FABRICE.

Rien pour le présent.

FREEPORT.

Tant mieux; moins de nouvelles, moins de sottises. Comment vont vos affaires, mon ami? Avez-vous beaucoup de monde chez vous? qui logez vous à présent?

FABRICE.

Il est venu ce matin un vieux gentilhomme qui ne veut voir personne.

FREEPORT.

Il a raison : les hommes ne sont pas bons à grand'chose; frippons ou sots : voilà pour les trois quarts; et pour l'autre quart, il se tient chez soi.

FABRICE.

Cet homme n'a pas même la curiosité de voir une femme charmante que nous avons dans la maison.

FREEPORT.

Il a tort. Et quelle est cette femme charmante?

FABRICE.

Elle est encore plus singuliere que lui; il y a quatre mois qu'elle est chez moi, et qu'elle n'est pas sortie de son appartement; elle s'appelle Lindane; mais je ne crois pas que ce soit son véritable nom.

FREEPORT.

C'est sans doute une honnête femme, puisqu'elle loge ici.

FABRICE.

Oh! elle est bien plus qu'honnête; elle est belle, pauvre, et vertueuse : entre nous, elle est dans la derniere misere, et elle est fiere à l'excès.

FREEPORT.

Si cela est, elle a bien plus tort que votre vieux gentilhomme.

FABRICE.

Oh! point; sa fierté est encore une vertu de plus; elle consiste à se priver du nécessaire, et à ne vouloir pas qu'on le sache : elle travaille de ses mains pour gagner de quoi me payer, ne se plaint jamais, dévore ses larmes; j'ai mille peines à lui faire garder pour ses besoins l'argent de son loyer : il faut des ruses incroyables pour faire passer jusqu'à elle les moindres secours : je lui compte tout ce que je lui fournis à moitié de ce qu'il coûte : quand elle s'en apperçoit, ce sont des querelles qu'on ne peut appaiser, et c'est la seule qu'elle ait eue dans la maison : enfin c'est un prodige de malheur, de noblesse, et de vertu ; elle m'arrache quelquefois des larmes d'admiration et de tendresse.

FREEPORT.

Vous êtes bien tendre ; je ne m'attendris point, moi ; je n'admire personne, mais j'estime... Ecoutez : comme je m'ennuie, je veux voir cette femme-là ; elle m'amusera.

FABRICE.

Oh ! monsieur, elle ne reçoit presque jamais de visites. Nous avions un mylord qui venait quelquefois chez elle, mais elle ne voulait point lui parler sans que ma femme y fût présente : depuis quelque temps il n'y vient plus, et elle vit plus retirée que jamais.

FREEPORT.

J'aime qu'on se retire : je hais la cohue aussi-bien qu'elle : qu'on me la fasse venir ; où est son appartement ?

FABRICE.

Le voici de plain pied au café.

FREEPORT.

Allons, je veux entrer.

FABRICE.

Cela ne se peut pas.

FREEPORT.

Il faut bien que cela se puisse ; où est la difficulté d'entrer dans une chambre ? Qu'on m'apporte chez elle mon chocolat et les gazettes. (*il tire sa montre.*) Je n'ai pas beaucoup de temps à perdre ; mes affaires m'appellent à deux heures.

(*il pousse la porte et entre.*)

SCENE VI.

LINDANE, *paraissant tout effrayée*, POLLY *la suit.* FREEPORT, FABRICE.

LINDANE.

Eh, mon Dieu ! qui entre ainsi chez moi avec tant de fracas ? Monsieur, vous me paraissez peu civil, et vous devriez respecter davantage ma solitude et mon sexe.

FREEPORT.

Pardon. (*à Fabrice.*) Qu'on m'apporte mon chocolat, vous dis-je.

FABRICE.

Oui, monsieur, si madame le permet.
(*Freeport s'assied près d'une table, lit la gazette, et jette un coup-d'œil sur Lindane et sur Polly : il ôte son chapeau et le remet.*)

POLLY.

Cet homme me paraît familier.

FREEPORT.

Madame, pourquoi ne vous asseyez-vous pas quand je suis assis ?

LINDANE.

Monsieur, c'est que vous ne devriez pas l'être : c'est que je suis très étonnée ; c'est que je ne reçois point de visite d'un inconnu.

FREEPORT.

Je suis très connu ; je m'appelle Freeport, loyal négociant, riche ; informez vous de moi à la bourse.

LINDANE.

Monsieur, je ne connais personne en ce pays-là, et vous me feriez plaisir de ne point incommoder une femme à qui vous devez quelques égards.

FREEPORT.

Je ne prétends point vous incommoder ; je prends mes aises, prenez les vôtres : je lis les gazettes, ma-

vaillez en tapisserie, et prenez du chocolat avec moi...
ou sans moi... comme vous voudrez.

POLLY.

Voilà un étrange original!

LINDANE.

O ciel! quelle visite je reçois! Et mylord ne vient point! Cet homme bizarre m'assassine : je ne pourrai m'en défaire : comment M. Fabrice a-t-il pu souffrir cela? Il faut bien s'asseoir.

(*elle s'assied, et travaille à son ouvrage.*)
(*un garçon apporte du chocolat; Freeport en prend sans en offrir; il parle et boit par reprises.*)

FREEPORT.

Ecoutez. Je ne suis pas homme à compliment; on m'a dit de vous... le plus grand bien qu'on puisse dire d'une femme : vous êtes pauvre et vertueuse; mais on ajoute que vous êtes fiere, et cela n'est pas bien.

POLLY.

Et qui vous a dit tout cela, monsieur?

FREEPORT.

Parbleu, c'est le maître de la maison, qui est un très galant homme, et que j'en crois sur sa parole.

LINDANE.

C'est un tour qu'il vous joue : il vous a trompé, monsieur; non pas sur la fierté, qui n'est que le partage de la vraie modestie; non pas sur la vertu, qui est mon premier devoir; mais sur la pauvreté, dont il me soupçonne. Qui n'a besoin de rien n'est jamais pauvre.

FREEPORT.

Vous ne dites pas la vérité, et cela est encore plus mal que d'être fiere : je sais mieux que vous que vous manquez de tout, et quelquefois même vous vous dérobez un repas.

POLLY.

C'est par ordre du médecin.

FREEPORT.

Taisez-vous ; est-ce que vous êtes fiere aussi, vous ?

POLLY.

Oh, l'original ! l'original !

FREEPORT.

En un mot, ayez de l'orgueil ou non, peu m'importe. J'ai fait un voyage à la Jamaïque, qui m'a valu cinq mille guinées ; je me suis fait une loi (et ce doit être celle de tout bon chrétien) de donner toujours le dixieme de ce que je gagne ; c'est une dette que ma fortune doit payer à l'état malheureux où vous êtes... oui, où vous êtes, et dont vous ne voulez pas convenir. Voilà ma dette de cinq cents guinées payée. Point de remerciement, point de reconnaissance ; gardez l'argent et le secret.

(*il jette une grosse bourse sur la table.*)

POLLY.

Ma foi, ceci est bien plus original encore.

LINDANE, *se levant et se détournant.*

Je n'ai jamais été si confondue. Hélas ! que tout ce qui m'arrive m'humilie ! quelle générosité ! mais quel outrage !

FREEPORT, *continuant à lire les gazettes, et à prendre son chocolat.*

L'impertinent gazetier ! le plat animal ! peut-on dire de telles pauvretés avec un ton si emphatique ? *Le roi est venu en haute personne.* Eh, malotru ! qu'importe que sa personne soit haute ou petite ? Dis le fait tout rondement.

LINDANE, *s'approchant de lui.*

Monsieur...

FREEPORT.

Eh bien !

LINDANE.

Ce que vous faites pour moi me surprend plus encore que ce que vous dites ; mais je n'accepterai certainement point l'argent que vous m'offrez: il faut vous avouer que je ne me crois pas en état de vous le rendre.

FREEPORT.

Qui vous parle de le rendre ?

LINDANE.

Je ressens jusqu'au fond du cœur toute la vertu de votre procédé, mais la mienne ne peut en profiter: recevez mon admiration; c'est tout ce que je puis.

POLLY.

Vous êtes cent fois plus singuliere que lui. Eh! madame, dans l'état où vous êtes, abandonnée de tout le monde, avez-vous perdu l'esprit de refuser un secours que le ciel vous envoie par la main du plus bizarre et du plus galant homme du monde ?

FREEPORT.

Et que veux-tu dire, toi ? en quoi suis-je bizarre ?

POLLY.

Si vous ne prenez pas pour vous, madame, prenez pour moi : je vous sers dans votre malheur, il faut que je profite au moins de cette bonne fortune. Monsieur, il ne faut plus dissimuler ; nous sommes dans la derniere misere, et sans la bonté attentive du maître du café, nous serions mortes de froid et de faim. Ma maîtresse a caché son état à ceux qui pouvaient lui rendre service, vous l'avez su malgré elle: obligez-la malgré elle à ne pas se priver du nécessaire que le ciel lui envoie par vos mains généreuses.

LINDANE.

Tu me perds d'honneur, ma chere Polly.

POLLY.

Et vous vous perdez de folie, ma chere maîtresse.

5.

LINDANE.

Si tu m'aimes, prends pitié de ma gloire; ne me réduis pas à mourir de honte pour avoir de quoi vivre.

FREEPORT, *toujours lisant.*

Que disent ces bavardes-là?

POLLY.

Si vous m'aimez, ne me réduisez pas à mourir de faim par vanité.

LINDANE.

Polly, que dirait mylord, s'il m'aimait encore, s'il me croyait capable d'une telle bassesse? J'ai toujours feint avec lui de n'avoir aucun besoin de secours, et j'en accepterais d'un autre, d'un inconnu!

POLLY.

Vous avez mal fait de feindre, et vous faites très mal de refuser. Mylord ne dira rien, car il vous abandonne.

LINDANE.

Ma chere Polly, au nom de nos malheurs, ne nous déshonorons point : congédie honnètement cet homme estimable et grossier, qui sait donner, et qui ne sait pas vivre; dis lui que quand une fille accepte d'un homme de tels présents, elle est toujours soupçonnée d'en payer la valeur aux dépens de sa vertu.

FREEPORT, *toujours prenant son chocolat et lisant.*

Hem! que dit-elle là?

POLLY, *s'approchant de lui.*

Hélas! monsieur, elle dit des choses qui me paraissent absurdes; elle parle de soupçons; elle dit qu'une fille...

FREEPORT.

Ah, ah! est-ce qu'elle est fille?

POLLY.

Oui, monsieur, et moi aussi.

ACTE II, SCENE VI.

FREEPORT.

Tant mieux ; elle dit donc qu'une fille...?

POLLY.

Qu'une fille ne peut honnêtement accepter d'un homme.

FREEPORT.

Elle ne sait ce qu'elle dit; pourquoi me soupçonner d'un dessein mal-honnête, quand je fais une action honnête?

POLLY.

Entendez-vous, mademoiselle?

LINDANE.

Oui, j'entends, je l'admire, et je suis inébranlable dans mon refus. Polly, on dirait qu'il m'aime: oui, ce méchant homme de Frélon le dirait, je serais perdue.

POLLY, *allant vers Freeport.*

Monsieur, elle craint que vous ne l'aimiez.

FREEPORT.

Quelle idée! comment puis-je l'aimer? je ne la connais pas. Rassurez-vous, mademoiselle, je ne vous aime point du tout. Si je viens dans quelques années à vous aimer par hasard, et vous aussi à m'aimer, à la bonne heure... comme vous vous aviserez, je m'aviserai. Si vous vous en passez, je m'en passerai. Si vous dites que je vous ennuie, vous m'ennuierez. Si vous voulez ne me revoir jamais, je ne vous reverrai jamais. Si vous voulez que je revienne, je reviendrai. Adieu, adieu. (*il tire sa montre.*) Mon temps se perd, j'ai des affaires; serviteur.

LINDANE.

Allez, monsieur, emportez mon estime et ma reconnaissance: mais sur-tout emportez votre argent, et ne me faites pas rougir davantage.

FREEPORT.

Elle est folle.

LINDANE.

Fabrice! M. Fabrice! à mon secours! venez!

FABRICE, *arrivant en hâte.*

Quoi donc, madame?

LINDANE, *lui donnant la bourse.*

Tenez, prenez cette bourse que monsieur a laissée par mégarde; remettez-la lui, je vous en charge; assurez-le de mon estime; et sachez que je n'ai besoin du secours de personne.

FABRICE, *prenant la bourse.*

Ah! M. Freeport, je vous reconnais bien à cette bonne action; mais comptez que mademoiselle vous trompe, et qu'elle en a très grand besoin.

LINDANE.

Non, cela n'est pas vrai. Ah, M. Fabrice! est-ce vous qui me trahissez?

FABRICE.

Je vais vous obéir, puisque vous le voulez. (*bas, à M. Freeport.*) Je garderai cet argent, et il servira, sans qu'elle le sache, à lui procurer tout ce qu'elle se refuse. Le cœur me saigne; son état et sa vertu me pénètrent l'âme.

FREEPORT.

Elles me font aussi quelque sensation; mais elle est trop fière. Dites lui que cela n'est pas bien d'être fière. Adieu.

SCENE VII.

LINDANE, POLLY.

POLLY.

Vous avez là bien opéré, madame; le ciel daignait vous secourir; vous voulez mourir dans l'indigence; vous voulez que je sois la victime d'une vertu dans laquelle il entre peut-être un peu de vanité; et cette vanité nous perd l'une et l'autre.

ACTE II, SCENE VII.

LINDANE.

C'est à moi de mourir, ma chere enfant; mylord ne m'aime plus; il m'abandonne depuis trois jours; il a aimé mon impitoyable et superbe rivale; il l'aime encore, sans doute: c'en est fait; j'étais trop coupable en l'aimant; c'est une erreur qui doit finir.

(*elle écrit.*)

POLLY.

Elle paraît désespérée; hélas! elle a sujet de l'être; son état est bien plus cruel que le mien: une suivante a toujours des ressources; mais une personne qui se respecte n'en a pas.

LINDANE, *ayant plié sa lettre.*

Je ne fais pas un bien grand sacrifice. Tiens, quand je ne serai plus, porte cette lettre à celui...

POLLY.

Que dites vous?

LINDANE.

A celui qui est la cause de ma mort: je te recommande à lui; mes dernieres volontés le toucheront. Va, (*elle l'embrasse.*) sois sûre que de tant d'amertumes, celle de n'avoir pu te récompenser moi même n'est pas la moins sensible à ce cœur infortuné.

POLLY.

Ah, mon adorable maîtresse! que vous me faites verser de larmes, et que vous me glacez d'effroi! Que voulez-vous faire? quel dessein horrible! quelle lettre! Dieu me préserve de la lui rendre jamais! (*elle déchire la lettre.*) Hélas! pourquoi ne vous êtes-vous pas expliquée avec mylord? Peut-être que votre réserve cruelle lui aura déplu.

LINDANE.

Tu m'ouvres les yeux; je lui aurai déplu, sans doute: mais comment me découvrir au fils de celui qui a perdu mon pere et ma famille?

POLLY.

Quoi! madame, ce fut donc le pere de mylord qui...

LINDANE.

Oui, ce fut lui-même qui persécuta mon pere, qui le fit condamner à la mort, qui nous a dégradés de noblesse, qui nous a ravi notre existence. Sans pere, sans mere, sans bien, je n'ai que ma gloire et mon fatal amour. Je devais détester le fils de Murrai ; la fortune qui me poursuit me l'a fait connaître ; je l'ai aimé, et je dois m'en punir.

POLLY.

Que vois-je! vous pâlissez, vos yeux s'obscurcissent...

LINDANE.

Puisse ma douleur me tenir lieu du poison et du fer que j'implorais!

POLLY.

A l'aide! M. Fabrice, à l'aide! ma maîtresse s'évanouit.

FABRICE.

Au secours! que tout le monde descende, ma femme, ma servante, M. le gentilhomme de là-haut, tout le monde...

(*la femme et la servante de Fabrice et Polly emmenent Lindane dans sa chambre.*)

LINDANE, *en sortant.*

Pourquoi me rendez-vous à la vie?

SCÈNE VIII.

MONROSE, FABRICE.

MONROSE.

Qu'y a-t-il donc, notre hôte?

FABRICE.

C'était cette belle demoiselle dont je vous ai parlé qui s'évanouissait ; mais ce ne sera rien.

MONROSE.

Ces petites fantaisies de filles passent vîte, et ne sont pas dangereuses : que voulez-vous que je fasse à une fille qui se trouve mal? est ce pour cela que vous m'avez fait descendre? Je croyais que le feu était à la maison.

FABRICE.

J'aimerais mieux qu'il y fût que de voir cette jeune personne en danger. Si l'Ecosse a plusieurs filles comme elle, ce doit être un beau pays.

MONROSE.

Quoi! elle est d'Ecosse?

FABRICE.

Oui, monsieur, je ne le sais que d'aujourd'hui; c'est notre faiseur de feuilles qui me l'a dit, car il sait tout, lui.

MONROSE.

Et son nom, son nom?

FABRICE.

Elle s'appelle Lindane.

MONROSE.

Je ne connais point ce nom-là. (*il se promène.*) On ne prononce point le nom de ma patrie que mon cœur ne soit déchiré. Peut-on avoir été traité avec plus d'injustice et de barbarie? Tu es mort, cruel Murrai, indigne ennemi! ton fils reste; j'aurai justice ou vengeance. O ma femme! ô mes chers enfants! ma fille! j'ai donc tout perdu sans ressource! Que de coups de poignards auraient fini mes jours, si la juste fureur de me venger ne me forçait pas à porter dans l'affreux chemin du monde ce fardeau détestable de la vie!

FABRICE, *revenant.*

Tout va mieux, Dieu merci.

MONROSE.

Comment? quel changement y a-t-il dans les affaires? quelle révolution?

FABRICE.

Monsieur, elle a repris ses sens : elle se porte très bien ; encore un peu pâle, mais toujours belle.

MONROSE.

Ah! ce n'est que cela. Il faut que je sorte, que j'aille, que je hasarde... oui... je le veux.

(*il sort.*)

FABRICE.

Cet homme ne se soucie pas des filles qui s'évanouissent. S'il avait vu Lindane, il ne serait pas si indifférent.

FIN DU SECOND ACTE.

ACTE TROISIEME.

SCENE I.

LADY ALTON, ANDRÉ.

LADY ALTON.

Oui, puisque je ne peux voir le traître chez lui, je le verrai ici; il y viendra, sans doute. Ce barbouilleur de feuilles avait raison; une Ecossaise cachée ici dans ce temps de trouble! elle conspire contre l'état; elle sera enlevée, l'ordre est donné : ah! du moins, c'est contre moi qu'elle conspire! c'est de quoi je ne suis que trop sûre. Voici André, le laquais de mylord; je serai instruite de tout mon malheur. André, vous apportez ici une lettre de mylord, n'est-il pas vrai?

ANDRÉ.

Oui, madame.

LADY ALTON.

Elle est pour moi?

ANDRÉ.

Non, madame, je vous jure.

LADY ALTON.

Comment? ne m'en avez-vous pas apporté plusieurs de sa part?

ANDRÉ.

Oui, mais celle-ci n'est pas pour vous; c'est pour une personne qu'il aime à la folie.

LADY ALTON.

Eh bien! ne m'aimait-il pas à la folie, quand il m'écrivait?

ANDRÉ.

Oh! que non, madame; il vous aimait si tranquillement! mais ici ce n'est pas de même; il ne dort ni ne mange; il court jour et nuit; il ne parle que de sa chere Lindane; cela est tout différent, vous dis-je.

LADY ALTON.

Le perfide! le méchant homme! N'importe, je vous dis que cette lettre est pour moi; n'est-elle pas sans dessus?

ANDRÉ.

Oui, madame.

LADY ALTON.

Toutes les lettres que vous m'avez apportées n'étaient-elles pas sans dessus aussi?

ANDRÉ.

Oui, mais elle est pour Lindane.

LADY ALTON.

Je vous dis qu'elle est pour moi, et, pour vous le prouver, voici dix guinées de port que je vous donne.

ANDRÉ.

Ah! oui, madame, vous m'y faites penser, vous avez raison, la lettre est pour vous, je l'avais oublié. mais cependant, comme elle n'était pas pour vous, ne me décelez pas; dites que vous l'avez trouvée chez Lindane.

LADY ALTON.

Laisse moi faire.

ANDRÉ.

Quel mal, après tout, de donner à une femme une lettre écrite pour une autre? il n'y a rien de perdu; toutes ces lettres se ressemblent. Si mademoiselle Lindane ne reçoit pas sa lettre, elle en recevra d'au-

ACTE III, SCENE I.

tres. Ma commission est faite. Oh! je fais bien mes commissions, moi!

(*il sort.*)

LADY ALTON *ouvre la lettre, et lit.*

Lisons : « Ma chere, ma respectable, ma vertueuse « Lindane... » Il ne m'en a jamais tant écrit... « il y a « deux jours, il y a un siecle que je m'arrache au bon- « heur d'être à vos pieds, mais c'est pour vos seuls in- « térêts : je sais qui vous êtes, et ce que je vous dois : « je périrai, ou les choses changeront. Mes amis agis- « sent; comptez sur moi comme sur l'amant le plus « fidele, et sur un homme digne peut-être de vous « servir ».

(*après avoir lu.*)

C'est une conspiration, il n'en faut point douter : elle est d'Ecosse; sa famille est mal intentionnée; le pere de Murrai a commandé en Ecosse; ses amis agissent; il court jour et nuit; c'est une conspiration. Dieu merci, j'ai agi aussi; et, si elle n'accepte pas mes offres, elle sera enlevée dans une heure, avant que son indigne amant la secoure.

SCENE II.

LADY ALTON, POLLY, LINDANE.

LADY ALTON *à Polly, qui passe de la chambre de sa maîtresse dans une chambre du café.*

Mademoiselle, allez dire tout à l'heure à votre maitresse, qu'il faut que je lui parle, qu'elle ne craigne rien, que je n'ai que des choses très agréables à lui dire; qu'il s'agit de son bonheur (*avec emportement*), et qu'il faut qu'elle vienne tout à l'heure, tout à l'heure : entendez-vous? qu'elle ne craigne point, vous dis-je.

POLLY.

Oh, madame! nous ne craignons rien : mais votre physionomie me fait trembler.

LADY ALTON.

Nous verrons si je ne viens pas à bout de cette fille vertueuse, avec les propositions que je vais lui faire.

LINDANE, *arrivant toute tremblante, soutenue par Polly.*

Que voulez-vous, madame? venez-vous insulter encore à ma douleur?

LADY ALTON.

Non; je viens vous rendre heureuse. Je sais que vous n'avez rien ; je suis riche, je suis grande dame; Je vous offre un de mes châteaux sur les frontieres d'Écosse, avec les terres qui en dépendent; allez y vivre avec votre famille, si vous en avez; mais il faut dans l'instant que vous abandonniez mylord pour jamais, et qu'il ignore, toute sa vie, votre retraite.

LINDANE.

Hélas! madame, c'est lui qui m'abandonne : ne soyez point jalouse d'une infortunée ; vous m'offrez en vain une retraite ; j'en trouverai sans vous une éternelle, dans laquelle je n'aurai pas au moins à rougir de vos bienfaits.

LADY ALTON.

Comme vous me répondez, téméraire!

LINDANE.

La témérité ne doit point être mon partage : mais la fermeté doit l'être. Ma naissance vaut bien la vôtre; mon cœur vaut peut-être mieux; et, quant à ma fortune, elle ne dépendra jamais de personne, encore moins de ma rivale. (*elle sort.*)

LADY ALTON, *seule.*

Elle dépendra de moi. Je suis fâchée qu'elle me réduise à cette extrémité. J'ai honte de m'être servie de ce faquin de Frélon; mais enfin, elle m'y a forcée. Infidele amant! passion funeste! je suffoque.

SCÈNE III.

FREEPORT, MONROSE, *paraissent dans le café avec* LA FEMME DE FABRICE, LA SERVANTE, LES GARÇONS DU CAFÉ, *qui mettent tout en ordre;* FABRICE, LADY ALTON.

LADY ALTON, *à Fabrice.*
Monsieur Fabrice, vous me voyez ici souvent : c'est votre faute.

FABRICE.
Au contraire, madame, nous souhaiterions...

LADY ALTON.
J'en suis fâchée plus que vous ; mais vous m'y reverrez encore, vous dis-je. (*elle sort.*)

FABRICE.
Tant pis. A qui en a-t-elle donc ? Quelle différence d'elle à cette Lindane, si belle et si patiente !

FREEPORT.
Oui. A propos, vous m'y faites songer ; elle est, comme vous dites, belle et honnête.

FABRICE.
Je suis fâché que ce brave gentilhomme ne l'ait pas vue ; il en aurait été touché.

MONROSE.
Ah ! j'ai d'autres affaires en tête... (*à part.*) Malheureux que je suis !

FREEPORT.
Je passe mon temps à la bourse ou à la Jamaïque : cependant la vue d'une jeune personne ne laisse pas de réjouir les yeux d'un galant homme. Vous me faites songer, vous dis-je, à cette petite créature : beau maintien, conduite sage, belle tête, démarche noble. Il faut que je la voie un de ces jours encore une fois... C'est dommage qu'elle soit si fiere.

6.

MONROSE, *à Freeport.*

Notre hôte m'a confié que vous en aviez agi avec elle d'une maniere admirable.

FREEPORT.

Moi? non... n'en auriez-vous pas fait autant à ma place?

MONROSE.

Je le crois, si j'étais riche, et si elle le méritait.

FREEPORT.

Eh bien! que trouvez-vous donc là d'admirable? (*il prend les gazettes.*) Ah! ah! voyons ce que disent les nouveaux papiers d'aujourd'hui. Hom! hom! le lord Falbrige mort!

MONROSE, *s'avançant.*

Falbrige mort! le seul ami qui me restait sur la terre! le seul dont j'attendais quelque appui! Fortune! tu ne cesseras jamais de me persécuter!

FREEPORT.

Il était votre ami? j'en suis fâché... « D'Edimbourg « le 14 avril... On cherche par-tout le lord Monrose, « condamné depuis onze ans à perdre la tête. »

MONROSE.

Juste ciel! qu'entends-je! hem! que dites-vous? mylord Monrose condamné à...

FREEPORT.

Oui, parbleu, le lord Monrose... lisez vous-même; je ne me trompe pas.

MONROSE *lit.*

(*froidement*) Oui, cela est vrai... (*à part.*) Il faut sortir d'ici, la maison est trop publique... Je ne crois pas que la terre et l'enfer conjurés ensemble aient jamais assemblé tant d'infortunes contre un seul homme. (*à son valet Jacq, qui est dans un coin de la salle.*) Hé! va faire seller mes chevaux, et que je puisse partir, s'il est necessaire, à l'entrée de la nuit... Comme les nouvelles courent! comme le mal vole!

FREEPORT.

Il n'y a point de mal à cela ; qu'importe que le lord Monrose soit décapité ou non ? Tout s'imprime, tout s'écrit, rien ne demeure : on coupe une tête aujourd'hui, le gazetier le dit le lendemain, et le surlendemain on n'en parle plus. Si cette demoiselle Lindane n'était pas si fiere, j'irais savoir comme elle se porte : elle est fort jolie, et fort honnête.

SCENE IV.

LES ACTEURS PRÉCÉDENTS, UN MESSAGER D'ÉTAT.

LE MESSAGER.

Vous vous appelez Fabrice ?

FABRICE.

Oui, monsieur ; en quoi puis-je vous servir ?

LE MESSAGER.

Vous tenez un café, et des appartements ?

FABRICE.

Oui.

LE MESSAGER.

Vous avez chez vous une jeune Ecossaise nommée Lindane ?

FABRICE.

Oui, assurément, et c'est notre bonheur de l'avoir chez nous.

FREEPORT.

Oui, elle est jolie et honnête. Tout le monde m'y fait songer.

LE MESSAGER.

Je viens pour m'assurer d'elle de la part du gouvernement ; voilà mon ordre.

FABRICE.

Je n'ai pas une goutte de sang dans les veines.

MONROSE, *à part*.

Une jeune Ecossaise qu'on arrête ! et le jour même

que j'arrive! Toute ma fureur renaît. O patrie! ô famille! Hélas! que deviendra ma fille infortunée? elle est peut-être ainsi la victime de mes malheurs; elle languit dans la pauvreté ou dans la prison. Ah! pourquoi est-elle née?

FREEPORT.

On n'a jamais arrêté les filles par ordre du gouvernement : fi! que cela est vilain! vous êtes un grand brutal, M. le messager d'état.

FABRICE.

Ouais! mais si c'était une aventurière, comme le disait notre ami Frélon; cela va perdre ma maison... me voilà ruiné. Cette dame de la cour avait ses raisons, je le vois bien... Non, non, elle est très honnête.

LE MESSAGER.

Point de raisonnement, en prison, ou caution; c'est la regle.

FABRICE.

Je me fais caution, moi, ma maison, mon bien, ma personne.

LE MESSAGER.

Votre personne, et rien, c'est la même chose; votre maison ne vous appartient peut-être pas; votre bien, où est-il? il faut de l'argent.

FABRICE.

Mon bon M. Freeport, donnerai-je les cinq cents guinées que je garde, et qu'elle a refusées aussi noblement que vous les avez offertes?

FREEPORT.

Belle demande! apparemment... M. le messager, je dépose cinq cents guinées, mille, deux mille, s'il le faut; voilà comme je suis fait. Je m'appelle Freeport. Je réponds de la vertu de la fille... autant que je peux... mais il ne faudrait pas qu'elle fût si fière.

ACTE III, SCENE IV.

LE MESSAGER.
Venez, monsieur, faire votre soumission.

FREEPORT.
Très volontiers, très volontiers.

FABRICE.
Tout le monde ne place pas ainsi son argent.

FREEPORT.
En l'employant à faire du bien, c'est le placer au plus haut intérêt. (*Freeport et le messager vont compter de l'argent, et écrire au fond du café.*)

SCENE V.

MONROSE, FABRICE.

FABRICE.
Monsieur, vous êtes étonné peut-être du procédé de M. Freeport, mais c'est sa façon. Heureux ceux qu'il prend tout d'un coup en amitié! il n'est pas complimenteur, mais il rend service en moins de temps que les autres ne font des protestations de services.

MONROSE.
Il y a de belles ames... Que deviendrai-je?

FABRICE.
Gardons nous au moins de dire à notre pauvre petite le danger qu'elle a couru.

MONROSE.
Allons, partons cette nuit même.

FABRICE.
Il ne faut avertir les gens de leur danger que quand il est passé.

MONROSE.
Le seul ami que j'avais à Londres est mort!.. Que fais-je ici?

FABRICE.
Nous la ferions évanouir encore une fois.

L'ÉCOSSAISE.

SCENE VI.

MONROSE.

On arrête une jeune Ecossaise, une personne qui vit retirée, qui se cache, qui est suspecte au gouvernement ! Je ne sais... mais cette aventure me jette dans de profondes réflexions... Tout réveille l'idée de mes malheurs, mes afflictions, mon attendrissement, mes fureurs.

SCENE VII.

MONROSE, POLLY.

MONROSE, *appercevant Polly qui passe.*
Mademoiselle, un petit mot, de grace... Etes-vous cette jeune et aimable personne née en Ecosse, qui...

POLLY.
Oui, monsieur, je suis assez jeune : je suis Ecossaise, et pour aimable, bien des gens me disent que je le suis.

MONROSE.
Ne savez-vous aucune nouvelle de votre pays ?

POLLY.
Oh! non, monsieur; il y a si long-temps que je l'ai quitté !

MONROSE.
Et qui sont vos parents, je vous prie ?

POLLY.
Mon pere était un excellent boulanger, à ce que j'ai ouï dire, et ma mere avait servi une dame de qualité.

MONROSE.
Ah! j'entends; c'est vous apparemment qui servez cette jeune personne dont on m'a tant parlé, je me méprenais.

ACTE III, SCENE VII.

POLLY.

Vous me faites bien de l'honneur.

MONROSE.

Vous savez sans doute qui est votre maîtresse?

POLLY.

Oui, monsieur, c'est la plus douce, la plus aimable fille, la plus courageuse dans le malheur.

MONROSE.

Elle est donc malheureuse?

POLLY.

Oui, monsieur, et moi aussi; mais j'aime mieux la servir que d'être heureuse.

MONROSE.

Mais je vous demande si vous ne connaissez pas sa famille.

POLLY.

Monsieur, ma maîtresse veut être inconnue : elle n'a point de famille; que me demandez-vous là? pourquoi ces questions?

MONROSE.

Une inconnue! O ciel si long-temps impitoyable! s'il était possible qu'à la fin je pusse..! mais quelles vaines chimères! Dites-moi, je vous prie, quel est l'âge de votre maîtresse?

POLLY.

Oh! pour son âge, on peut le dire; car elle est bien au-dessus de son âge: elle a dix-huit ans.

MONROSE.

Dix-huit ans!.. hélas! ce serait précisément l'âge qu'aurait ma malheureuse Monrose, ma chere fille, seul reste de ma maison, seul enfant que mes mains aient pu caresser dans son berceau : dix-huit ans?..

POLLY.

Oui, monsieur, et moi je n'en ai que vingt-deux: il n'y a pas une si grande différence. Je ne sais pas pourquoi vous faites tout seul tant de réflexions sur son âge.

MONROSE.

Dix-huit ans! et née dans ma patrie! et elle veut être inconnue! je ne me possede plus : il faut avec votre permission que je la voie, que je lui parle tout à l'heure.

POLLY.

Ces dix-huit ans tournent la tête à ce bon vieux gentilhomme. Monsieur, il est impossible que vous voyiez à présent ma maîtresse ; elle est dans l'affliction la plus cruelle.

MONROSE.

Ah! c'est pour cela même que je veux la voir.

POLLY.

De nouveaux chagrins qui l'ont accablée, qui ont déchiré son cœur, lui ont fait perdre l'usage de ses sens. Hélas! elle n'est pas de ces filles qui s'évanouissent pour peu de chose. Elle est à peine revenue à elle, et le peu de repos qu'elle goûte dans ce moment est un repos mêlé de trouble et d'amertume : de grace, monsieur, ménagez sa faiblesse et ses douleurs.

MONROSE.

Tout ce que vous me dites redouble mon empressement. Je suis son compatriote; je partage toutes ses afflictions; je les diminuerai peut-être : souffrez qu'avant de quitter cette ville, je puisse entretenir votre maîtresse.

POLLY.

Mon cher compatriote, vous m'attendrissez : attendez encore quelques moments. Les filles qui se sont évanouies sont bien long-temps à se remettre avant de recevoir une visite. Je vais à elle : je reviendrai à vous.

SCENE VIII.

MONROSE, FABRICE.

FABRICE, *le tirant par la manche*.

Monsieur, n'y a-t-il personne là ?

MONROSE.

Que j'attends son retour avec des mouvements d'impatience et de trouble !

FABRICE.

Ne nous écoute-t-on point ?

MONROSE.

Mon cœur ne peut suffire à tout ce qu'il éprouve.

FABRICE.

On vous cherche....

MONROSE, *se tournant*.

Qui ? quoi ? comment ? pourquoi ? que voulez-vous dire ?

FABRICE.

On vous cherche, monsieur. Je m'intéresse à ceux qui logent chez moi. Je ne sais qui vous êtes ; mais on est venu me demander qui vous étiez : on rôde autour de la maison, on s'informe, on entre, on passe, on repasse, on guette, et je ne serai point surpris si dans peu on vous fait le même compliment qu'à cette jeune et chere demoiselle, qui est, dit-on, de votre pays.

MONROSE.

Ah ! il faut absolument que je lui parle avant de partir.

FABRICE.

Partez vite, croyez-moi ; notre ami Freeport ne serait peut-être pas d'humeur à faire pour vous ce qu'il a fait pour une belle personne de dix-huit ans.

MONROSE.

Pardon... Je ne sais... où j'étais... je vous entendais à peine... Que faire? où aller, mon cher hôte? Je ne puis partir sans la voir... Venez, que je vous parle un moment dans quelque endroit plus solitaire, et sur-tout que je puisse ensuite entretenir cette jeune Ecossaise.

FABRICE.

Ah! je vous avais bien dit que vous seriez enfin curieux de la voir. Soyez sûr que rien n'est plus beau et plus honnête.

FIN DU TROISIEME ACTE.

ACTE QUATRIEME.

SCENE I.

FABRICE; FRÉLON, *dans le café à une table;* FREEPORT, *une pipe à la main au milieu d'eux.*

FABRICE.

Je suis obligé de vous l'avouer, M. Frélon; si tout ce qu'on dit est vrai, vous me feriez plaisir de ne plus fréquenter chez nous.

FRÉLON.

Tout ce qu'on dit est toujours faux : quelle mouche vous pique, M. Fabrice?

FABRICE.

Vous venez écrire ici vos feuilles : mon café passera pour une boutique de poisons.

FREEPORT, *se retournant vers Fabrice.*

Ceci mérite qu'on y pense, voyez-vous?

FABRICE.

On prétend que vous dites du mal de tout le monde.

FREEPORT, *à Frélon.*

De tout le monde, entendez-vous? c'est trop.

FABRICE.

On commence même à dire que vous êtes un délateur, un frippon; mais je ne veux pas le croire.

FREEPORT, *à Frélon.*

Un frippon... entendez-vous? cela passe la raillerie.

FRÉLON.

Je suis un compilateur illustre, un homme de goût.

FABRICE.

De goût ou de dégoût, vous me faites tort, vous dis-je.

FRÉLON.

Au contraire, c'est moi qui achalande votre café ; c'est moi qui l'ai mis à la mode ; c'est ma réputation qui vous attire du monde.

FABRICE.

Plaisante réputation ! celle d'un espion, d'un malhonnête homme (pardonnez si je répete ce qu'on dit), et d'un mauvais auteur !

FRÉLON.

M. Fabrice, M. Fabrice, arrêtez, s'il vous plaît : on peut attaquer mes mœurs, mais pour ma réputation d'auteur, je ne le souffrirai jamais.

FABRICE.

Laissez là vos écrits : savez-vous bien, puisqu'il faut tout vous dire, que vous êtes soupçonné d'avoir voulu perdre mademoiselle Lindane ?

FREEPORT.

Si je le croyais, je le noierais de mes mains, quoique je ne sois pas méchant.

FABRICE.

On prétend que c'est vous qui l'avez accusée d'être Ecossaise, et qui avez aussi accusé ce brave gentilhomme de là-haut d'être Ecossais.

FRÉLON.

Eh bien ! quel mal y a t-il à être de son pays ?

FABRICE.

On prétend que vous avez eu plusieurs conférences avec les gens de cette dame si colere qui est venue ici, et avec ceux de ce mylord qui n'y vient plus, que vous redites tout, que vous envenimez tout.

ACTE IV, SCENE I.

FREEPORT, *à Frélon.*

Seriez-vous un frippon en effet ? je ne les aime pas, au moins.

FABRICE.

Ah ! Dieu merci, je crois que j'apperçois enfin notre mylord.

FREEPORT.

Un mylord ! adieu. Je n'aime pas plus les grands seigneurs que les mauvais écrivains.

FABRICE.

Celui-ci n'est pas un grand seigneur comme un autre.

FREEPORT.

Ou comme un autre, ou différent d'un autre, n'importe. Je ne me gêne jamais, et je sors. Mon ami, je ne sais ; il me revient toujours dans la tête une idée de notre jeune Ecossaise : je reviendrai incessamment ; oui, je reviendrai, je veux lui parler sérieusement : serviteur. Cette Ecossaise est belle et honnête. Adieu. (*En revenant.*) Dites lui de ma part que je pense beaucoup de bien d'elle.

SCENE II.

LORD MURRAI, *pensif et agité ;* FRÉLON, *lui faisant la révérence, qu'il ne regarde pas ;* FABRICE, *s'éloignant un peu.*

LORD MURRAI, *à Fabrice, d'un air distrait.*

Je suis très aise de vous revoir, mon brave et honnête homme : comment se porte cette belle et respectable personne que vous avez le bonheur de posséder chez vous ?

FABRICE.

Mylord, elle a été très malade depuis qu'elle ne vous a vu ; mais je suis sûr qu'elle se portera mieux aujourd'hui.

LORD MURRAI.

Grand dieu, protecteur de l'innocence, je t'implore pour elle ! daigne te servir de moi pour rendre justice à la vertu, et pour tirer d'oppression les infortunés ! Graces à tes bontés et à mes soins, tout m'annonce un succès favorable. Ami, (*à Fabrice.*) laissez-moi parler en particulier à cet homme (*en montrant Frélon*).

FRÉLON, *à Fabrice.*

Eh bien ! tu vois qu'on t'avait bien trompé sur mon compte, et que j'ai du crédit à la cour.

FABRICE, *en sortant.*

Je ne vois point cela.

LORD MURRAI, *à Frélon.*

Mon ami.

FRÉLON.

Monseigneur, permettez-vous que je vous dédie un tome ?...

LORD MURRAI.

Non; il ne s'agit point de dédicace. C'est vous qui avez appris à mes gens l'arrivée de ce vieux gentilhomme venu d'Ecosse ; c'est vous qui l'avez dépeint, qui êtes allé faire le même rapport aux gens du ministre d'état.

FRÉLON.

Monseigneur, je n'ai fait que mon devoir.

LORD MURRAI, *lui donnant quelques guinées.*

Vous m'avez rendu service, sans le savoir ; je ne regarde pas à l'intention : on prétend que vous vouliez nuire, et que vous avez fait du bien ; tenez, voilà pour le bien que vous avez fait: mais si vous vous avisez jamais de prononcer le nom de cet homme, et de mademoiselle Lindane, je vous ferai jeter par les fenêtres de votre grenier. Allez.

FRÉLON.

Grand merci, monseigneur. Tout le monde me dit

des injures, et me donne de l'argent : je suis bien plus habile que je ne croyais.

SCENE III.

LORD MURRAI, POLLY.

LORD MURRAI, *seul un moment.*

Un vieux gentilhomme arrivé d'Ecosse, Lindane née dans le même pays! Hélas! s'il était possible que je pusse reparer les torts de mon pere! si le ciel permettait...! Entrons. (*à Polly qui sort de la chambre de Lindane.*) Chere Polly, n'es-tu pas bien étonnée que j'aie passé tant de temps sans venir ici! deux jours entiers!... je ne me le pardonnerais jamais, si je ne les avais employés pour la respectable fille de mylord Monrose: les ministres étaient à Windsor; il a fallu y courir. Va, le ciel t'inspira bien quand tu te rendis à mes prieres, et que tu m'appris le secret de sa naissance.

POLLY.

J'en tremble encore : ma maîtresse me l'avait tant défendu! Si je lui donnais le moindre chagrin, je mourrais de douleur. Hélas! votre absence lui a causé aujourd'hui un assez long évanouissement, et je me serais évanouie aussi, si je n'avais pas eu besoin de mes forces pour la secourir.

LORD MURRAI.

Tiens, voilà pour l'évanouissement où tu as eu envie de tomber.

POLLY.

Mylord, j'accepte vos dons : je ne suis pas si fiere que la belle Lindane, qui n'accepte rien, et qui feint d'être à son aise, quand elle est dans la plus extrême indigence.

LORD MURRAI.

Juste ciel! la fille de Monrose dans la pauvreté!

malheureux que je suis! que m'as-tu dit? combien je suis coupable! que je vais tout réparer! que son sort changera! Hélas! pourquoi me l'a-t-elle caché?

POLLY.

Je crois que c'est la seule fois de sa vie qu'elle vous trompera.

LORD MURRAI.

Entrons, entrons vîte; jettons-nous à ses pieds: c'est trop tarder.

POLLY.

Ah, mylord! gardez-vous-en bien; elle est actuellement avec un gentilhomme, si vieux, si vieux, qui est de son pays, et ils se disent des choses si intéressantes!

LORD MURRAI.

Quel est-il ce vieux gentilhomme, pour qui je m'intéresse déja comme elle?

POLLY.

Je l'ignore.

LORD MURRAI.

O destinée! juste ciel! pourrais-tu faire que cet homme fût ce que je desire qu'il soit? Et que se disaient-ils, Polly?

POLLY.

Mylord, ils commençaient à s'attendrir; et comme ils s'attendrissaient, ce bon-homme n'a pas voulu que je fusse présente, et je suis sortie.

SCENE IV.

LADY ALTON, LORD MURRAI, POLLY.

LADY ALTON.

Ah! je vous y prends enfin, perfide! me voilà sûre de votre inconstance, de mon opprobre, et de votre intrigue.

ACTE IV, SCENE IV.

LORD MURRAI.

Oui, madame, vous êtes sûre de tout. (*à part.*) Quel contre-temps effroyable !

LADY ALTON.

Monstre, perfide !

LORD MURRAI.

Je puis être un monstre à vos yeux, et je n'en suis pas fâché ; mais pour perfide, je suis très loin de l'être : ce n'est pas mon caractere. Avant d'en aimer une autre, je vous ai déclaré que je ne vous aimais plus.

LADY ALTON.

Après une promesse de mariage ! scélérat ! après m'avoir juré tant d'amour !

LORD MURRAI.

Quand je vous ai juré de l'amour, j'en avais ; quand je vous ai promis de vous épouser, je voulais tenir ma parole.

LADY ALTON.

Eh ! qui t'a empêché de tenir ta parole, parjure ?

LORD MURRAI.

Votre caractere, vos emportemens : je me mariais pour être heureux, et j'ai vu que nous ne l'aurions été ni l'un ni l'autre.

LADY ALTON.

Tu me quittes pour une vagabonde, pour une aventuriere.

LORD MURRAI.

Je vous quitte pour la vertu, pour la douceur et pour les graces.

LADY ALTON.

Traître ! tu n'es pas où tu crois en être ; je me vengerai plutôt que tu ne penses.

LORD MURRAI.

Je sais que vous êtes vindicative, envieuse plutôt

que jalouse, emportée plutôt que tendre : mais vous serez forcée à respecter celle que j'aime.

LADY ALTON.

Allez, lâche, je connais l'objet de vos amours mieux que vous; je sais qui elle est; je sais qui est l'étranger arrivé aujourd'hui pour elle; je sais tout : des hommes plus puissants que vous sont instruits de tout; et bientôt on vous enlevera l'indigne objet pour qui vous m'avez méprisée.

LORD MURRAI.

Que veut-elle dire, Polly? elle me fait mourir d'inquiétude.

POLLY.

Et moi de peur. Nous sommes perdus.

LORD MURRAI.

Ah! madame, arrêtez-vous; un mot; expliquez-vous, écoutez...

LADY ALTON.

Je n'écoute point, je ne réponds rien, je ne m'explique point. Vous êtes, comme je vous l'ai déja dit, un inconstant, un volage, un cœur faux, un traître, un perfide, un homme abominable.

(*elle sort.*)

SCENE V.

LORD MURRAI, POLLY.

LORD MURRAI.

Que prétend cette furie? que la jalousie est affreuse! O ciel! fais que je sois toujours amoureux, et jamais jaloux. Que veut-elle? elle parle de faire enlever ma chere Lindane, et cet étranger; que veut-elle dire? sait-elle quelque chose?

POLLY.

Hélas! il faut vous l'avouer; ma maîtresse est arrêtée par l'ordre du gouvernement: je crois que je le suis aussi; et sans un gros homme, qui est la bonté même, et qui a bien voulu être notre caution, nous serions en prison à l'heure que je vous parle : on m'avait fait jurer de n'en rien dire; mais le moyen de se taire avec vous?

LORD MURRAI.

Qu'ai-je entendu! quelle aventure! et que de revers accumulés en foule! Je vois que le nom de ta maîtresse est toujours suspect. Hélas! ma famille a fait tous les malheurs de la sienne : le ciel, la fortune, mon amour, l'équité, la raison, allaient tout réparer; la vertu m'inspirait; le crime s'oppose à tout ce que je tente : il ne triomphera pas. N'alarme point ta maîtresse; je cours chez le ministre; je vais tout presser, tout faire. Je m'arrache au bonheur de la voir pour celui de la servir. Je cours, et je revole. Dis-lui bien que je m'éloigne parceque je l'adore.

(*il sort.*)

POLLY, *seule.*

Voilà d'étranges aventures! Je vois que ce monde-ci n'est qu'un combat perpétuel des méchants contre les bons, et qu'on en veut toujours aux pauvres filles.

SCENE VI.

MONROSE, LINDANE; POLLY *reste un moment, et sort à un signe que lui fait sa maîtresse.*

MONROSE.

Chaque mot que vous m'avez dit me perce l'ame. Vous, née dans le Locaber! et témoin de tant d'horreurs, persécutée, errante, et si malheureuse avec des sentiments si nobles!

LINDANE.

Peut-être je dois ces sentiments mêmes à mes malheurs; peut-être, si j'avais été élevée dans le luxe et la mollesse, cette ame, qui s'est fortifiée par l'infortune, n'eut été que faible.

MONROSE.

O vous! digne du plus beau sort du monde, cœur magnanime, ame élevée, vous m'avouez que vous êtes d'une de ces familles proscrites dont le sang a coulé sur les échafauds dans nos guerres civiles, et vous vous obstinez à me cacher votre nom et votre naissance!

LINDANE.

Ce que je dois à mon pere me force au silence : il est proscrit lui-même; on le cherche : je l'exposerais peut-être, si je me nommais : vous m'inspirez du respect et de l'attendrissement; mais je ne vous connais pas : je dois tout craindre. Vous voyez que je suis suspecte moi-même, que je suis arrêtée et prisonniere ; un mot peut me perdre.

MONROSE.

Hélas! un mot ferait peut-être la premiere consolation de ma vie. Dites-moi du moins quel âge vous aviez quand la destinée cruelle vous sépara de votre pere, qui fut depuis si malheureux?

LINDANE.

Je n'avais que cinq ans.

MONROSE.

Grand dieu, qui avez pitié de moi! toutes ces époques rassemblées, toutes les choses qu'elle m'a dites, sont autant de traits de lumiere qui m'éclairent dans les ténebres où je marche. O providence! ne t'arrête point dans tes bontés!

LINDANE.

Quoi! vous versez des larmes! Hélas! tout ce que je vous ai dit m'en fait bien répandre.

MONROSE, *s'essuyant les yeux.*

Achevez, je vous en conjure. Quand votre pere

eut quitté sa famille pour ne plus la revoir, combien
restâtes-vous auprès de votre mere?

LINDANE.

J'avais dix ans, quand elle mourut dans mes bras
de douleur et de misere, et que mon frere fut tué
dans une bataille.

MONROSE.

Ah! je succombe! Quel moment, et quel souvenir! Chere et malheureuse epouse!.... fils heureux
d'être mort, et de n'avoir pas vu tant de désastres!
Reconnaîtriez vous ce portrait? (*il tire un portrait
de sa poche*)

LINDANE.

Que vois je? est-ce un songe! c'est le portrait
même de ma mere: mes larmes l'arrosent, et mon
cœur qui se fend s'echappe vers vous.

MONROSE.

Oui, c'est là votre mere, et je suis ce pere infortuné dont la tête est proscrite, et dont les mains
tremblantes vous embrassent.

LINDANE.

Je respire à peine! où suis je? Je tombe à vos genoux! Voici le premier instant heureux de ma vie...
O mon pere!... helas! comment osez-vous venir d
cette ville? je tremble pour vous au moment que je
goûte le bonheur de vous voir.

MONROSE.

Ma chere fille, vous connaissez toutes les infortunes de notre maison: vous savez que la maison des
Murrai, toujours jalouse de la nôtre, nous plongea
dans ce précipice. Toute ma famille a été condamnée
j'ai tout perdu. Il me restait un ami qui pouvait,
par son crédit, me tirer de l'abyme où je suis, qui
me l'avait promis; j'apprends, en arrivant, que la
mort me l'a enlevé, qu'on me cherche en l'Ecosse, que
ma tête y est à prix. C'est sans doute le fils de mon

ennemi qui me persécute encore : il faut que je meure de sa main, ou que je lui arrache la vie.

LINDANE.

Vous venez, dites-vous, pour tuer mylord Murrai?

MONROSE.

Oui, je vous vengerai, je vengerai ma famille, ou je périrai; je ne hasarde qu'un reste de jours déja proscrits.

LINDANE.

O fortune! dans quelle nouvelle horreur tu me rejettes! Que faire? quel parti prendre? Ah, mon pere!

MONROSE.

Ma fille, je vous plains d'être née d'un pere si malheureux.

LINDANE.

Je suis plus à plaindre que vous ne pensez... Etes-vous bien résolu à cette entreprise funeste?

MONROSE.

Résolu comme à la mort.

LINDANE.

Mon pere, je vous conjure, par cette vie fatale que vous m'avez donnée, par vos malheurs, par les miens, qui sont peut-être plus grands que les vôtres, de ne me pas exposer à l'horreur de vous perdre lorsque je vous retrouve.... Ayez pitié de moi, épargnez votre vie et la mienne.

MONROSE.

Vous m'attendrissez; votre voix pénetre mon cœur; je crois entendre celle de votre mere. Hélas! que voulez-vous?

LINDANE.

Que vous cessiez de vous exposer, que vous quittiez cette ville si dangereuse pour vous.... et pour moi.... Oui, c'en est fait, mon parti est pris. Mon pere, je renoncerai à tout pour vous.... oui, à tout....

Je suis prête à vous suivre : je vous accompagnerai, s'il le faut, dans quelque isle affreuse des Orcades ; je vous y servirai de mes mains ; c'est mon devoir, je le remplirai.... C'en est fait, partons.

MONROSE.

Vous voulez que je renonce à vous venger?

LINDANE.

Cette vengeance me ferait mourir : partons, vous dis je.

MONROSE.

Eh bien! l'amour paternel l'emporte : puisque vous avez le courage de vous attacher à ma funeste destinée, je vais tout préparer pour que nous quittions Londres avant qu'une heure se passe ; soyez prête, et recevez encore mes embrassements et mes larmes.

SCENE VII.

LINDANE, POLLY.

LINDANE.

C'en est fait, ma chere Polly, je ne reverrai plus mylord Murrai ; je suis morte pour lui.

POLLY.

Vous rêvez, mademoiselle ; vous le reverrez dans quelques minutes. Il était ici tout à l'heure.

LINDANE.

Il était ici ; et il ne m'a point vue! c'est là le comble. O mon malheureux pere! que ne suis-je partie plutôt!

POLLY.

S'il n'avait pas été interrompu par cette détestable mylady Alton...

LINDANE.

Quoi! c'est ici même qu'il l'a vue pour me braver, après avoir été trois jours sans me voir, sans m'écrire! Peut-on plus indignement se voir outrager? Va, sois sûre que je m'arracherais la vie dans ce moment, si ma vie n'était pas nécessaire à mon pere.

POLLY.

Mais, mademoiselle, écoutez moi donc; je vous jure que mylord....

LINDANE.

Lui perfide! c'est ainsi que sont faits les hommes! Pere infortuné, je ne penserai désormais qu'à vous.

POLLY.

Je vous jure que vous avez tort, que mylord n'est point perfide, que c'est le plus aimable homme du monde, qu'il vous aime de tout son cœur, qu'il m'en a donné des marques.

LINDANE.

La nature doit l'emporter sur l'amour. je ne sais où je vais. je ne sais ce que je deviendrai: mais sans doute je ne serai jamais si malheureuse que je le suis.

POLLY.

Vous n'écoutez rien: reprenez vos esprits, ma chere maitresse; on vous aime.

LINDANE.

Ah! Polly, es-tu capable de me suivre?

POLLY.

Je vous suivrai jusqu'au bout du monde: mais on vous aime, vous dis-je.

LINDANE.

Laisse-moi: ne me parle point de mylord. Hélas! quand il m'aimerait, il faudrait partir encore. Ce gentilhomme que tu as vu avec moi....

POLLY.

Eh bien?

LINDANE.

Viens. tu apprendras tout: les larmes, les soupirs me suffoquent. Suis-moi, et sois prête à partir.

FIN DU QUATRIEME ACTE.

ACTE CINQUIEME.

SCENE I.

LINDANE, FREEPORT, FABRICE.

FABRICE.

Cela perce le cœur, mademoiselle : Polly fait votre paquet ; vous nous quittez.

LINDANE.

Mon cher hôte, et vous, monsieur, à qui je dois tant, vous qui avez déployé un caractere si généreux, vous qui ne me laissez que la douleur de ne pouvoir reconnaître vos bienfaits, je ne vous oublierai de ma vie.

FREEPORT.

Qu'est-ce donc que tout cela ? qu'est-ce que c'est que ça ? qu'est-ce que ça ? Si vous êtes contente de nous, il ne faut point vous en aller : est-ce que vous craignez quelque chose ? Vous avez tort ; une fille n'a rien à craindre.

FABRICE.

M. Freeport, ce vieux gentilhomme qui est de son pays fait aussi son paquet. Mademoiselle pleurait, et ce monsieur pleurait aussi, et ils partent ensemble. Je pleure aussi en vous parlant.

FREEPORT.

Je n'ai pleuré de ma vie : fi ! que cela est sot de pleurer ! les yeux n'ont point été donnés à l'homme pour cette besogne. Je suis affligé, je ne le cache pas ;

et quoiqu'elle soit fiere, comme je le lui ai dit, elle est si honnête qu'on est fâché de la perdre. Je veux que vous m'écriviez, si vous vous en allez, mademoiselle : je vous ferai toujours du bien.. Nous nous retrouverons peut-être un jour, que sait on ? Ne manquez pas de m'écrire.... n'y manquez pas.

LINDANE.

Je vous le jure avec la plus vive reconnaissance ; et si jamais la fortune....

FREEPORT.

Ah! mon ami Fabrice, cette personne-là est très bien née. Je serais très aise de recevoir de vos lettres : n'allez pas y mettre de l'esprit, au moins.

FABRICE.

Mademoiselle, pardonnez; mais je songe que vous ne pouvez partir, que vous êtes ici sous la caution de M. Freeport, et qu'il perd cinq cents guinées si vous nous quittez.

LINDANE.

O ciel! autre infortune, autre humiliation : quoi! il faudrait que je fusse enchaînée ici, et que mylord... et mon pere...

FREEPORT, *à Fabrice.*

Oh! qu'à cela ne tienne : quoiqu'elle ait je ne sais quoi qui me touche, qu'elle parte si elle en a envie ; il ne faut point gêner les filles. Je me soucie de cinq cents guinées comme de rien. (*bas, à Fabrice.*) Fourre-lui encore les cinq cents autres guinées dans sa valise. Allez, mademoiselle, partez quand il vous plaira : écrivez-moi ; revoyez-moi, quand vous reviendrez.... car j'ai conçu pour vous beaucoup d'estime et d'affection.

SCENE II.

LORD MURRAI, ET SES GENS, *dans l'enfoncement;* LINDANE, ET LES ACTEURS PRÉCÉDENTS, *sur le devant.*

LORD MURRAI, *à ses gens.*

Restez ici, vous : vous, courez à la chancellerie, et rapportez-moi le parchemin qu'on expédie, dès qu'il sera scellé. Vous, qu'on aille préparer tout dans la nouvelle maison que je viens de louer. (*il tire un papier de sa poche et le lit.*) Quel bonheur d'assurer le bonheur de Lindane !

LINDANE, *à Folly.*

Hélas ! en le voyant, je me sens déchirer le cœur.

FRIPORT.

Ce mylord-là vient toujours mal à propos : il est si beau et si bien mis qu'il me déplaît souverainement; mais, après tout, que cela me fait-il ? j'ai quelque affection.... mais je n'aime point, moi. Adieu, mademoiselle.

LINDANE.

Je ne partirai point sans vous témoigner encore ma reconnaissance et mes regrets.

FRIPORT.

Non, non, point de ces cérémonies-là, vous m'attendririez peut-être : je vous dis que je n'aime point... je vous verrai pourtant encore une fois : je resterai dans la maison, je veux vous voir partir. Allons, Fabrice, aider ce bon gentilhomme de là-haut : je me sens, vous dis-je, de la bonne volonté pour cette demoiselle.

SCENE III.

LORD MURRAI, LINDANE, POLLY.

LORD MURRAI.

Enfin donc je goûte en liberté le charme de votre vue. Dans quelle maison vous êtes! elle ne vous convient pas: une plus digne de vous vous attend. Quoi! belle Lindane, vous baissez les yeux, et vous pleurez! Quel est ce gros homme qui vous parlait? vous aurait-il causé quelque chagrin? il en porterait la peine sur l'heure.

LINDANE, *en essuyant ses larmes.*

Hélas! c'est un bon homme, un homme grossièrement vertueux, qui a eu pitié de moi dans mon cruel malheur, qui ne m'a point abandonnée, qui n'a pas insulté à mes disgraces, qui n'a point parlé ici long-temps à ma rivale en dédaignant de me voir; qui, s'il m'avait aimée, n'aurait point passé trois jours sans m'écrire.

LORD MURRAI.

Ah! croyez que j'aimerais mieux mourir que de mériter le moindre de vos reproches: je n'ai été absent que pour vous, je n'ai songé qu'à vous, je vous ai servie malgré vous; si, en revenant ici, j'ai trouvé cette femme vindicative et cruelle qui voulait vous perdre, je ne me suis échappé un moment que pour prévenir ses desseins funestes. Grand dieu! moi, ne vous avoir pas écrit!

LINDANE.

Non.

LORD MURRAI.

Elle a, je le vois bien, intercepté mes lettres: sa méchanceté augmente encore, s'il se peut, ma tendresse; qu'elle rappelle la vôtre. Ah! cruelle, pourquoi m'avez-vous caché votre nom illustre, et l'état

ACTE V, SCENE III.

malheureux où vous êtes, si peu fait pour ce grand nom?

LINDANE.

Qui vous l'a dit?

LORD MURRAI, *montrant Polly.*

Elle-même, votre confidente.

LINDANE.

Quoi! tu m'as trahie?

POLLY.

Vous vous trahissiez vous-même; je vous ai servie.

LINDANE.

Eh bien! vous me connaissez: vous savez quelle haine a toujours divisé nos deux maisons; votre pere a fait condamner le mien à la mort; il m'a réduite à cet état que j'ai voulu vous cacher. Et vous, son fils! vous! vous osez m'aimer.

LORD MURRAI.

Je vous adore, et je le dois: c'est à mon amour à réparer les cruautés de mon pere: c'est une justice de la Providence; mon cœur, ma fortune, mon sang est à vous. Confondons ensemble deux noms ennemis: j'apporte à vos pieds le contrat de notre mariage; daignez l'honorer de ce nom qui m'est si cher. Puissent les remords et l'amour du fils réparer les fautes du pere!

LINDANE.

Hélas! et il faut que je parte, et que je vous quitte pour jamais.

LORD MURRAI.

Que vous partiez! que vous me quittiez! Vous me verrez plutôt expirer à vos pieds. Hélas! daignez-vous m'aimer?

POLLY.

Vous ne partirez point, mademoiselle; j'y mettrai bon ordre: vous prenez toujours des résolutions désespérées. Mylord, secondez-moi bien.

LORD MURRAI.

Eh! qui a pu vous inspirer le dessein de me fuir, de rendre tous mes soins inutiles?

LINDANE.

Mon pere.

LORD MURRAI.

Votre pere? Et! où est-il? que veut-il? que ne me parlez-vous?

LINDANE.

Il est ici : il m'emmene; c'en est fait.

LORD MURRAI.

Non, je jure par vous qu'il ne vous enlevera pas. Il est ici? conduisez-moi à ses pieds.

LINDANE.

Ah! cher amant, gardez qu'il ne vous voie; il n'est venu ici que pour finir ses malheurs en vous arrachant la vie, et je fuyais avec lui que pour détourner cette horrible résolution.

LORD MURRAI.

La vôtre est plus cruelle : croyez que je ne le crains pas, et que je le ferai rentrer en lui-même. (*en se retournant.*) Quoi! on n'est pas encore revenu? Ciel! que le mal se fait rapidement, et le bien avec lenteur!

LINDANE.

Le voici qui vient me chercher : si vous m'aimez, ne vous montrez pas à lui, privez-vous de ma vue, épargnez-lui l'horreur de la vôtre, écartez-vous du moins pour quelque temps.

LORD MURRAI.

Ah! que c'est avec regret! mais vous m'y forcez : je vais rentrer; je vais prendre des armes qui pourront faire tomber les siennes de ses mains.

SCENE IV.

MONROSE, LINDANE.

MONROSE.

Allons, ma chere fille, seul soutien, unique consolation de ma déplorable vie! partons.

LINDANE.

Malheureux pere d'une infortunée! je ne vous abandonnerai jamais : cependant daignez souffrir que je reste encore.

MONROSE.

Quoi! après m'avoir si fort pressé vous-même de partir! après m'avoir offert de me suivre dans les déserts où nous allons cacher nos disgraces! avez-vous changé de dessein? avez-vous retrouvé et perdu en si peu de temps le sentiment de la nature?

LINDANE.

Je n'ai point changé, j'en suis incapable... je vous suivrai.... mais, encore une fois, attendez quelque temps; accordez cette grace à celle qui vous doit des jours si remplis d'orages; ne me refusez pas des instants précieux.

MONROSE.

Ils sont précieux en effet, et vous les perdez : songez-vous que nous sommes à chaque moment en danger d'être découverts, que vous avez été arrêtée, qu'on me cherche, que vous pouvez voir demain votre pere périr par le dernier supplice?

LINDANE.

Ces mots sont un coup de foudre pour moi : je n'y résiste plus; j'ai honte d'avoir tardé.... Cependant j'avais quelque espoir.... N'importe, vous êtes mon pere, je vous suis. Ah, malheureuse!

SCENE V.

FREEPORT et FABRICE *paraissant d'un côté, tandis que* MONROSE et sa fille *parlent de l'autre.*

FREEPORT, *à Fabrice.*

Sa suivante a pourtant remis son paquet dans sa chambre; elles ne partiront point. J'en suis bien aise; je m'accoutumais à elle : je ne l'aime point; mais elle est si bien née que je la voyais partir avec une espece d'inquiétude que je n'ai jamais sentie, une espece de trouble... je ne sais quoi de fort extraordinaire.

MONROSE, *à Freeport.*

Adieu, monsieur; nous partons le cœur plein de vos bontés : je n'ai jamais connu de ma vie un plus digne homme que vous; vous me faites pardonner au genre humain.

FREEPORT.

Vous partez donc avec cette dame : je n'approuve point cela; vous devriez rester. Il me vient des idées qui vous conviendront peut-être : demeurez.

SCENE VI.

LES ACTEURS PRÉCÉDENTS; LE LORD MURRAI, *dans le fond, recevant un rouleau de parchemin de la main de ses gens.*

LORD MURRAI.

Ah! je le tiens enfin ce gage de mon bonheur. Soyez béni, ô ciel! qui m'avez secondé.

FREEPORT.

Quoi! verrai-je toujours ce maudit mylord? que cet homme me choque avec ses graces!

MONROSE *à sa fille, tandis que mylord Murrai parle à son domestique.*

Quel est cet homme, ma fille?

ACTE V, SCENE VI.

LINDANE.

Mon pere, c'est... O ciel ! ayez pitié de nous.

FABRICE.

Monsieur, c'est mylord Murrai, le plus galant homme de la cour, le plus généreux.

MONROSE.

Murrai ! grand dieu ! mon fatal ennemi, qui vient encore insulter à tant de malheurs ! (*il tire son épée.*) Il aura le reste de ma vie, ou moi la sienne.

LINDANE.

Que faites vous, mon pere ? arrêtez.

MONROSE.

Cruelle fille, c'est ainsi que vous me trahissez ?

FABRICE, *se jetant au-devant de Monrose.*

Monsieur, point de violence dans ma maison, je vous en conjure, vous me perdriez.

FREEPORT.

Pourquoi empêcher les gens de se battre quand ils en ont envie ? les volontés sont libres, laissez les faire.

LORD MURRAI, *toujours au fond du théâtre, à Monrose.*

Vous êtes le pere de cette respectable personne, n'est-il pas vrai ?

LINDANE.

Je me meurs.

MONROSE.

Oui, puisque tu le sais, je ne le désavoue pas. Viens, fils cruel d'un pere cruel, acheve de te baigner dans mon sang.

FABRICE.

Monsieur, encore une fois....

LORD-MURRAI.

Ne l'arrêtez pas, j'ai de quoi le désarmer. (*il tire son épée.*)

LINDANE, *entre les bras de Polly.*

Cruel !... vous oseriez !...

THÉATRE. 8.

LORD MURRAI.

Oui, j'ose... Pere de la vertueuse Lindane, je suis le fils de votre ennemi. (*il jette son épée.*) C'est ainsi que je me bats contre vous.

FREEPORT.

En voici bien d'une autre!

LORD MURRAI.

Percez mon cœur d'une main, mais de l'autre prenez cet écrit, lisez, et connaissez-moi. (*il lui donne le rouleau.*)

MONROSE.

Que vois-je? ma grace! le rétablissement de ma maison! O ciel! et c'est à vous, c'est à vous, Murrai, que je dois tout? Ah! mon bienfaiteur!... (*il veut se jeter à ses pieds.*) Vous triomphez de moi plus que si j'étais tombé sous vos coups.

LINDANE.

Ah! que je suis heureuse! mon amant est digne de moi.

LORD MURRAI.

Embrassez-moi, mon pere.

MONROSE.

Hélas! et comment reconnaître tant de générosité?

LORD MURRAI, *en montrant Lindane.*

Voilà ma récompense.

MONROSE.

Le pere et la fille sont à vos genoux pour jamais.

FREEPORT, *à Fabrice.*

Mon ami, je me doutais bien que cette demoiselle n'était pas faite pour moi; mais, après tout, elle est tombée en bonnes mains, et cela me fait plaisir.

FIN DE L'ÉCOSSAISE.

TANCREDE,

TRAGÉDIE

EN CINQ ACTES,

Représentée, pour la premiere fois, le 3 septembre 1760.

A MADAME LA MARQUISE
DE POMPADOUR.

Madame,

Toutes les épîtres dédicatoires ne sont pas de lâches flatteries, toutes ne sont pas dictées par l'intérêt ; celle que vous reçûtes de M. Crébillon, mon confrere à l'académie, et mon premier maître dans un art que j'ai toujours aimé, fut un monument de sa reconnaissance ; le mien durera moins, mais il est aussi juste. J'ai vu dès votre enfance les graces et les talents se développer ; j'ai reçu de vous, dans tous les temps, des témoignages d'une bonté toujours égale. Si quelque censeur pouvait désapprouver l'hommage que je vous rends, ce ne pourrait être qu'un cœur né ingrat. Je vous dois beaucoup, madame, et je dois le dire. J'ose encore plus, j'ose vous remercier publiquement du bien que vous avez fait à un très grand nombre de véritables gens de lettres, de grands artistes, d'hommes de mérite en plus d'un genre.

Les cabales sont affreuses, je le sais ; la littérature en sera toujours troublée, ainsi que tous les autres états de la vie. On calomniera toujours les gens de lettres comme les gens en place ; et j'avouerai que l'horreur pour ces cabales m'a fait prendre le parti de la retraite, qui seule m'a rendu heureux. Mais j'avoue en même temps que vous n'avez jamais écouté aucune de ces petites factions, que jamais vous ne reçûtes d'impression de l'imposture secrete qui blesse sourdement le mérite, ni de l'imposture publique qui l'attaque insolemment. Vous avez fait du bien avec discernement, parceque vous avez jugé par vous même ; aussi je n'ai connu ni aucun homme de lettres, ni aucune personne sans prévention, qui ne rendît justice à votre caractere, non seulement en public, mais dans les conversations particulieres, où l'on blâme beaucoup plus qu'on ne loue. Croyez, madame, que c'est quelque chose que le suffrage de ceux qui savent penser.

De tous les arts que nous cultivons en France, l'art de la tragédie n'est pas celui qui mérite le moins l'attention publique ; car il faut avouer que c'est celui dans lequel les Français se sont le plus distingués. C'est, d'ailleurs, au theâtre seul que la nation se rassemble ; c'est là que l'esprit et le goût de la jeunesse se forment : les étrangers y viennent apprendre notre langue ; nulle mauvaise maxime n'y est tolérée, et nul sentiment estimable n'y est débité sans être applaudi ; c'est une école toujours subsistante de poésie et de vertu.

La tragédie n'est pas encore peut-être tout-à-fait ce qu'elle doit être ; supérieure à celle d'Athenes en plusieurs endroits, il lui manque ce grand appareil que les magistrats d'Athenes savaient lui donner.

Permettez-moi, madame, en vous dédiant une tragédie, de m'étendre sur cet art des Sophocle et des Euripide. Je sais que toute la pompe de l'appareil ne vaut pas une pensée sublime, ou un sentiment; de même que la parure n'est presque rien sans la beauté. Je sais bien que ce n'est pas un grand mérite de parler aux yeux; mais j'ose être sûr que le sublime et le touchant portent un coup beaucoup plus sensible, quand ils sont soutenus d'un appareil convenable, et qu'il faut frapper l'ame et les yeux à la fois. Ce sera le partage des génies qui viendront après nous. J'aurai du moins encouragé ceux qui me feront oublier.

C'est dans cet esprit, madame, que je dessinai la faible esquisse que je soumets à vos lumieres. Je la crayonnai dès que je sus que le théâtre de Paris était changé, et devenait un vrai spectacle. Des jeunes gens de beaucoup de talent la représenterent avec moi sur un petit théâtre que je fis faire à la campagne. Quoique ce théâtre fût extrêmement étroit, les acteurs ne furent point gênés; tout fut exécuté facilement; ces boucliers, ces devises, ces armes qu'on suspendait dans la lice, faisaient un effet qui redoublait l'intérêt, parceque cette décoration, cette action devenait une partie de l'intrigue. Il eût fallu que la piece eût joint à cet avantage celui d'être écrite avec plus de chaleur, que j'eusse pu éviter les longs récits, que les vers eussent été faits avec plus de soin. Mais le temps où nous nous étions proposé de nous donner ce divertissement ne permettait pas de délai; la piece fut faite et apprise en deux mois.

Mes amis me mandent que les comédiens de Paris ne l'ont représentée que parcequ'il en courait une grande quantité de copies infideles. Il a donc fallu la laisser paraître avec tous les défauts que je n'ai pu corriger. Mais ces défauts même instruiront ceux qui voudront travailler dans le même goût.

Il y a encore dans cette pièce une autre nouveauté qui me paraît mériter d'être perfectionnée ; elle est écrite en vers croisés. Cette sorte de poésie sauve l'uniformité de la rime ; mais aussi ce genre d'écrire est dangereux, car tout a son écueil. Ces grands tableaux, que les anciens regardaient comme une partie essentielle de la tragédie, peuvent aisément nuire au théâtre de France, en le réduisant à n'être presque qu'une vaine décoration ; et la sorte de vers que j'ai employés dans Tancrede approche peut-être trop de la prose. Ainsi il pourrait arriver qu'en voulant perfectionner la scène française, on la gâterait entièrement. Il se peut qu'on y ajoute un mérite qui lui manque, il se peut qu'on la corrompe.

J'insiste seulement sur une chose, c'est la variété dont on a besoin dans une ville immense, la seule de la terre qui ait jamais eu de spectacles tous les jours. Tant que nous saurons maintenir par cette variété le mérite de notre scène, ce talent nous rendra toujours agréables aux autres peuples ; c'est ce qui fait que des personnes de la plus haute distinction représentent souvent nos ouvrages dramatiques, en Allemagne, en Italie, qu'on les traduit même en Angleterre, tandis que nous voyons dans nos provinces des salles de spectacles magnifiques, comme on voyait des cirques dans toutes les provinces romaines ; preuve incontestable du goût qui subsiste parmi nous, et preuve de nos ressources dans les temps les plus difficiles.

C'est en vain que plusieurs de nos compatriotes s'efforcent d'annoncer notre décadence en tout genre. Je ne suis pas de l'avis de ceux qui, au sortir du spectacle, dans un souper délicieux, dans le sein du luxe et du plaisir, disent gaiement que tout est perdu ; je suis assez près d'une ville de province, aussi peuplée que Rome moderne, et beaucoup plus opulente, qui entretient plus de quarante mille ouvriers, et qui vient de construire en même temps le plus bel hôpital du royaume, et le plus beau théâtre. De bonne foi, tout cela existerait-il si les campagnes ne produisaient que des ronces ?

J'ai choisi pour mon habitation un des moins bons terrains qui soient en France ; cependant rien ne nous y manque : le pays est orné de maisons qu'on eût regardées autrefois comme trop belles ; le pauvre qui veut s'occuper y cesse d'être pauvre ; cette petite province est devenue un jardin riant. Il vaut mieux, sans doute, fertiliser sa terre, que de se plaindre à Paris de la stérilité de sa terre.

Me voilà, madame, un peu loin de Tancrède : j'abuse du droit de mon âge, j'abuse de vos moments, je tombe dans les digressions, je dis peu en beaucoup de paroles. Ce n'est pas là le caractere de votre esprit ; mais je serais plus diffus si je m'abandonnais aux sentiments de ma reconnaissance. Recevez avec votre bonté ordinaire, madame, mon attachement et mon respect, que rien ne peut altérer jamais.

ACTEURS.

ARGIRE,
TANCREDE,
ORBASSAN, } chevaliers.
LORÉDAN,
CATANE,

ALDAMON, soldat.

AMÉNAIDE, fille d'Argire.

FANIE, suivante d'Aménaïde.

PLUSIEURS CHEVALIERS, assistant au conseil.

ECUYERS, SOLDATS, PEUPLE.

La scene est à Syracuse, d'abord dans le palais d'Argire et dans une salle du conseil, ensuite dans la place publique sur laquelle cette salle est construite. L'époque de l'action est de l'année 1005. Les Sarrasins d'Afrique avaient conquis toute la Sicile au neuvieme siecle; Syracuse avait secoué leur joug. Des gentilshommes normands commencerent à s'établir vers Salerne, dans la Pouille. Les empereurs grecs possédaient Messine; les Arabes tenaient Palerme et Agrigente.

TANCREDE,
TRAGÉDIE.

ACTE PREMIER.

SCENE I.

ASSEMBLÉE DES CHEVALIERS RANGÉS
EN DEMI-CERCLE.

ARGIRE.

Illustres chevaliers, vengeurs de la Sicile,
Qui daignez, par égard au déclin de mes ans,
Vous assembler chez moi pour chasser nos tyrans,
Et former un état triomphant et tranquille ;
Syracuse en ses murs a gémi trop long-temps
Des desseins avortés d'un courage inutile.
Il est temps de marcher à ces fiers Musulmans,
Il est temps de sauver d'un naufrage funeste
Le plus grand de nos biens, le plus cher qui nous
    reste,
Le droit le plus sacré des mortels généreux,
La liberté : c'est là que tendent tous nos vœux.
Deux puissants ennemis de notre république,
Des droits des nations, du bonheur des humains,
Les Césars de Byzance, et les fiers Sarrasins,
Nous menacent encor de leur joug tyrannique.
Ces despotes altiers, partageant l'univers,
Se disputent l'honneur de nous donner des fers.
Le Grec a sous ses lois les peuples de Messine ;

Le hardi Solamir insolemment domine
Sur les fertiles champs couronnés par l'Etna,
Dans les murs d'Agrigente, aux campagnes d'Enna;
Et tout de Syracuse annonçait la ruine.
Mais nos communs tyrans, l'un de l'autre jaloux,
Armés pour nous détruire, ont combattu pour nous;
Ils ont perdu leur force en disputant leur proie.
A notre liberté le ciel ouvre une voie;
Le moment est propice, il en faut profiter.
La grandeur musulmane est à son dernier âge;
On commence en Europe à la moins redouter.
Dans la France un Martel, en Espagne un Pélage,
Le grand Léon (1) dans Rome, armé d'un saint courage,
Nous ont assez appris comme on peut la dompter.
Je sais qu'aux factions Syracuse livrée
N'a qu'une liberté faible et mal assurée.

---

(1) Par le grand Léon, M. de Voltaire entend Léon IV, et non le pape Léon I, connu dans les cloîtres sous le nom de saint Léon, de Léon le grand. Ce saint Léon est le premier pape qui ait approuvé le supplice des hérétiques. Il dit dans ses lettres que le tyran Maxime, en punissant de mort Priscillien, a rendu un grand service à l'église; et il poursuivit avec violence ce qui restait de priscillianistes en Espagne. Les légendaires racontent qu'un jour une femme lui ayant baisé la main, il sentit un mouvement de concupiscence; qu'en conséquence il se coupa la main. Mais la vierge la lui rendit quelques jours après, afin qu'il pût célébrer la messe. C'est depuis ce temps qu'on baise les pieds du pape, attendu que, le pied étant enveloppé dans une pantoufle, le saint père court moins de risque d'être obligé de se le couper. On sent bien que ce n'est pas à ce pape que M. de Voltaire a pu donner le nom de Grand. D'ailleurs saint Léon vivait plusieurs siecles avant l'époque ou la tragédie de Tancrede est placée.

Je ne veux point ici vous rappeler ces temps
Où nous tournions sur nous nos armes criminelles,
Où l'état répandait le sang de ses enfants.
Étouffons dans l'oubli nos indignes querelles.
Orbassan, qu'il ne soit qu'un parti parmi nous,
Celui du bien public, et du salut de tous.
Que de notre union l'état puisse renaître ;
Et, si de nos égaux nous fûmes trop jaloux,
Vivons et périssons sans avoir eu de maître.

ORBASSAN.

Argire, il est trop vrai que les divisions
Ont régné trop long-temps entre nos deux maisons :
L'état en fut troublé ; Syracuse n'aspire
Qu'à voir les Orbassans unis au sang d'Argire.
Aujourd'hui l'un par l'autre il faut nous protéger.
En citoyen zélé j'accepte votre fille :
Je servirai l'état, vous, et votre famille ;
Et, du pied des autels où je vais m'engager,
Je marche à Solamir, et je cours vous venger.

Mais ce n'est pas assez de combattre le Maure ;
Sur d'autres ennemis il faut jeter les yeux :
Il fut d'autres tyrans non moins pernicieux,
Que peut-être un vil peuple ose chérir encore.

De quel droit les Français, portant par-tout leurs pas,
Se sont-ils établis dans nos riches climats ?
De quel droit un Coucy (1) vint-il dans Syracuse,
Des rives de la Seine aux bords de l'Aréthuse ?
D'abord modeste et simple, il voulut nous servir :
Bientôt fier et superbe, il se fit obéir.
Sa race accumulant d'immenses héritages,
Et d'un peuple ébloui maîtrisant les suffrages,

---

(1) Un seigneur de Coucy s'établit en Sicile, du temps de Charles-le-Chauve.

Osa sur ma famille élever sa grandeur.
Nous l'en avons punie, et, malgré sa faveur,
Nous voyons ses enfants bannis de nos rivages.
Tancrede (1), un rejeton de ce sang dangereux,
Des murs de Syracuse éloigné dès l'enfance,
A servi, nous dit-on, les Césars de Byzance;
Il est fier, outragé, sans doute valeureux;
Il doit haïr nos lois, il cherche la vengeance.
Tout Français est à craindre : on voit même en nos
   jours
Trois simples écuyers (2), sans bien et sans secours,
Sortis des flancs glacés de l'humide Neustrie, (3)
Aux champs (4) apuliens se faire une patrie;
Et n'ayant pour tout droit que celui des combats,
Chasser les possesseurs, et fonder des états.
Grecs, Arabes, Français, Germains, tout nous dé-
   vore;
Et nos champs, malheureux par leur fécondité,
Appellent l'avarice et la rapacité
Des brigands du Midi, du Nord, et de l'Aurore.
Nous devons nous défendre ensemble et nous venger.
J'ai vu plus d'une fois Syracuse trahie;
Maintenons notre loi, que rien ne doit changer;
Elle condamne à perdre et l'honneur et la vie
Quiconque entretiendrait avec nos ennemis
Un commerce secret, fatal à son pays.
A l'infidélité l'indulgence encourage.
On ne doit épargner ni le sexe ni l'âge.
Venise ne fonda sa fière autorité

---

(1) Ce n'est pas Tancrede de Hauteville, qui n'alla en Italie que quelque temps après.

(2) Les premiers normands qui passerent dans la Pouille, Drogon, Bateric, et Ripostel.

(3) La Normandie.

(4) Le pays de Naples.

Que sur la défiance et la sévérité :
Imitons sa sagesse en perdant les coupables.

LORÉDAN.

Quelle honte en effet, dans nos jours déplorables,
Que Solamir, un Maure, un chef des Musulmans,
Dans la Sicile encore ait tant de partisans !
Que par-tout dans cette isle et guerriere et chrétienne,
Que même parmi nous Solamir entretienne
Des sujets corrompus vendus à ses bienfaits !
Tantôt chez les Césars occupé de nous nuire,
Tantôt dans Syracuse ayant su s'introduire,
Nous préparant la guerre, et nous offrant la paix,
Et pour nous désunir soigneux de nous séduire !
Un sexe dangereux, dont les faibles esprits
D'un peuple encor plus faible attirent les hommages.
Toujours des nouveautés et des héros épris,
A ce Maure imposant prodigua ses suffrages.
Combien de citoyens aujourd'hui prévenus
Pour ces arts séduisants (1) que l'Arabe cultive !
Arts trop pernicieux, dont l'éclat les captive,
A nos vrais chevaliers noblement inconnus.
Que notre art soit de vaincre, et je n'en veux point
    d'autre.
J'espere en ma valeur, j'attends tout de la vôtre ;
Et j'approuve sur tout cette sévérité
Vengeresse des lois et de la liberté.
Pour détruire l'Espagne il a suffi d'un traitre : (2)
Il en fut parmi nous : chaque jour en voit naître.
Mettons un frein terrible à l'infidelité ;
Au salut de l'état que toute pitié cede ;

---

(1) En ce temps les Arabes cultivaient seuls les sciences en Occident ; et ce sont eux qui fonderent l'école de Salerne.

(2) Le comte Julien, ou l'archevêque Opas.

Combattons Solamir, et proscrivons Tancrede.
Tancrede, né d'un sang parmi nous détesté,
Est plus à craindre encor pour notre liberté.
Dans le dernier conseil un décret juste et sage
Dans les mains d'Orbassan remit son héritage,
Pour confondre à jamais nos ennemis cachés,
A ce nom de Tancrede en secret attachés;
Du vaillant Orbassan c'est le juste partage,
Sa dot, sa récompense.

CATANE.

Oui, nous y souscrivons.
Que Tancrede, s'il veut, soit puissant à Byzance;
Qu'une cour odieuse honore sa vaillance;
Il n'a rien à prétendre aux lieux où nous vivons.
Tancrede, en se donnant un maître despotique,
A renoncé lui-même à nos sacrés remparts:
Plus de retour pour lui; l'esclave des Césars
Ne doit rien posséder dans une république.
Orbassan de nos lois est le plus ferme appui,
Et l'état, qu'il soutient, ne pouvait moins pour lui;
Tel est mon sentiment.

ARGIRE.

Je vois en lui mon gendre;
Ma fille m'est bien chere, il est vrai; mais enfin
Je n'aurais point pour eux dépouillé l'orphelin:
Vous savez qu'à regret on m'y vit condescendre.

LORÉDAN.

Blâmez-vous le sénat?

ARGIRE.

Non; je hais la rigueur,
Mais toujours à la loi je fus prêt à me rendre,
Et l'intérêt commun l'emporta dans mon cœur.

ORBASSAN.

Ces biens sont à l'état, l'état seul doit les prendre.
Je n'ai point recherché cette faible faveur.

ACTE I, SCENE I.

ARGIRE.

N'en parlons plus : hâtons cet heureux hyménée ;
Qu'il amene demain la brillante journée
Où ce chef arrogant d'un peuple destructeur,
Solamir, à la fin, doit connaître un vainqueur.
Votre rival en tout, il osa bien prétendre,
En nous offrant la paix, à devenir mon gendre ; (1)
Il pensait m'honorer par cet hymen fatal.
Allez.... dans tous les temps triomphez d'un rival :
Mes amis, soyons prêts.... ma faiblesse et mon âge
Ne me permettent plus l'honneur de commander :
A mon gendre Orbassan vous daignez l'accorder.
Vous suivre est pour mes ans un assez beau partage :
Je serai près de vous ; j'aurai cet avantage ;
Je sentirai mon cœur encor se ranimer ;
Mes yeux seront témoins de votre fier courage,
Et vous auront vu vaincre avant de se fermer.

LORÉDAN.

Nous combattrons sous vous, seigneur ; nous osons croire
Que ce jour, quel qu'il soit, nous sera glorieux ;
Nous nous promettons tous l'honneur de la victoire,
Ou l'honneur consolant de mourir à vos yeux.

SCENE II.

ARGIRE, ORBASSAN.

ARGIRE.

Eh bien ! brave Orbassan, suis-je enfin votre père ?

---

(1) Il était très commun de marier des chrétiennes à des musulmans ; et Abdalise, le fils de Musa, conquérant de l'Espagne, épousa la fille du roi Rodrigue. Cet exemple fut imité dans tous les pays où les Arabes portèrent leurs armes victorieuses.

Tous vos ressentiments sont-ils bien effacés ?
Pourrai-je en vous d'un fils trouver le caractere ?
Dois-je compter sur vous ?

ORBASSAN.

Je vous l'ai dit assez :
J'aime l'état, Argire ; il nous réconcilie.
Cet hymen nous rapproche, et la raison nous lie ;
Mais le nœud qui nous joint n'eût point été formé,
Si dans notre querelle, à jamais assoupie,
Mon cœur qui vous hait ne vous eût estimé.
L'amour peut avoir part à ma nouvelle chaîne ;
Mais un si noble hymen ne sera point le fruit
D'un feu né d'un instant, qu'un autre instant détruit,
Que suit l'indifférence, et trop souvent la haine.
Ce cœur, que la patrie appelle aux champs de Mars,
Ne sait point soupirer au milieu des hasards.
Mon hymen a pour but l'honneur de vous complaire,
Notre union naissante, à tous deux nécessaire,
La splendeur de l'état, votre intérêt, le mien :
Devant de tels objets l'amour a peu de charmes.
Il pourra resserrer un si noble lien ;
Mais sa voix doit ici se taire au bruit des armes.

ARGIRE.

J'estime en un soldat cette mâle fierté ;
Mais la franchise plait, et non l'austérité.
J'espere que bientôt ma chere Aménaïde
Pourra fléchir en vous ce courage rigide.
C'est peu d'être un guerrier ; la modeste douceur
Donne un prix aux vertus, et sied à la valeur.
Vous sentez que ma fille au sortir de l'enfance,
Dans nos temps orageux de trouble et de malheur,
Par sa mere élevée à la cour de Byzance,
Pourrait s'effaroucher de ce sévere accueil,
Qui tient de la rudesse ; et ressemble à l'orgueil.
Pardonnez aux avis d'un vieillard et d'un pere.

ACTE I, SCENE II.

ORBASSAN.

Vous même pardonnez à mon humeur austere :
Elevé dans nos camps, je préférai toujours
A ce mérite faux des politesses vaines,
A cet art de flatter, à cet esprit des cours,
La grossiere vertu des mœurs républicaines :
Mais je sais respecter la naissance et le rang
D'un estimable objet formé de votre sang ;
Je prétends par mes soins mériter qu'elle m'aime,
Vous regarder en elle, et m'honorer moi-même.

ARGIRE.

Par mon ordre en ces lieux elle avance vers vous.

SCENE III.

ARGIRE, ORBASSAN, AMÉNAIDE.

ARGIRE.

Le bien de cet état, les voix de Syracuse,
Votre pere, le ciel, vous donnent un époux ;
Leurs ordres réunis ne souffrent point d'excuse.
Ce noble chevalier, qui se rejoint à moi,
Aujourd'hui par ma bouche a reçu votre foi.
Vous connaissez son nom, son rang, sa renommée ;
Puissant dans Syracuse, il commande l'armée ;
Tous les droits de Tancrede entre ses mains remis....

AMÉNAIDE, *à part.*

De Tancrede !

ARGIRE.

A mes yeux sont le moins digne prix
Qui releve l'éclat d'une telle alliance.

ORBASSAN.

Elle m'honore assez, seigneur ; et sa présence
Rend plus cher à mon cœur le don que je reçois.
Puissé-je, en méritant vos bontés et son choix,
Du bonheur de tous trois confirmer l'espérance !

AMÉNAÏDE.

Mon pere, en tous les temps je sais que votre cœur
Sentit tous mes chagrins, et voulut mon bonheur.
Votre choix me destine un héros en partage;
Et quand ces longs débats qui troublerent vos jours,
Grace à votre sagesse, ont terminé leurs cours,
Du nœud qui vous rejoint votre fille est le gage;
D'une telle union je conçois l'avantage.

Orbassan permettra que ce cœur étonné,
Qu'opprima dès l'enfance un sort toujours contraire,
Par ce changement même au trouble abandonné,
Se recueille un moment dans le sein de son pere.

ORBASSAN.

Vous le devez, madame; et, loin de m'opposer
A de tels sentiments, dignes de mon estime,
Loin de vous détourner d'un soin si légitime,
Des droits que j'ai sur vous je craindrais d'abuser.
J'ai quitté nos guerriers, je revole à leur tête:
C'est peu d'un tel hymen, il le faut mériter;
La victoire en rend digne; et j'ose me flatter
Que bientôt des lauriers en orneront la fête.

SCENE IV.

ARGIRE, AMÉNAÏDE.

ARGIRE.

Vous semblez interdite; et vos yeux pleins d'effroi,
De larmes obscurcis, se détournent de moi.
Vos soupirs étouffés semblent me faire injure:
La bouche obéit mal lorsque le cœur murmure.

AMÉNAÏDE.

Seigneur, je l'avouerai, je ne m'attendais pas
Qu'après tant de malheurs, et de si longs débats,
Le parti d'Orbassan dût être un jour le vôtre;
Que mes tremblantes mains uniraient l'un et l'autre,

Et que votre ennemi dût passer dans mes bras.
Je n'oublierai jamais que la guerre civile
Dans vos propres foyers vous priva d'un asyle;
Que ma mere, à regret évitant le danger,
Chercha loin de nos murs un rivage étranger;
Que des bras paternels avec elle arrachée,
A ses tristes destins dans Byzance attachée,
J'ai partagé long-temps les maux qu'elle a soufferts.
Au sortir du berceau j'ai connu les revers :
J'appris sous une mere, abandonnée, errante,
A supporter l'exil et le sort des proscrits,
L'accueil impérieux d'une cour arrogante,
Et la fausse pitié, pire que les mépris.
Dans un sort avili noblement élevée,
De ma mere bientôt cruellement privée,
Je me vis seule au monde, en proie à mon effroi,
Roseau faible et tremblant, n'ayant d'appui que moi.
Votre destin changea. Syracuse en alarmes
Vous remit dans vos biens, vous rendit vos honneurs,
Se reposa sur vous du destin de ses armes,
Et de ses murs sanglants repoussa ses vainqueurs.
Dans le sein paternel je me vis rappelée;
Un malheur inouï m'en avait exilée:
Peut-être j'y reviens pour un malheur nouveau.
Vos mains de mon hymen allument le flambeau.
Je sais quel intérêt, quel espoir vous anime;
Mais de vos ennemis je me vis la victime.
Je suis enfin la vôtre; et ce jour dangereux
Peut-être de nos jours sera le plus affreux.

ARGIRE.

Il sera fortuné, c'est à vous de m'en croire.
Je vous aime, ma fille, et j'aime votre gloire.
On a trop murmuré quand ce fier Solamir,
Pour le prix de la paix qu'il venait nous offrir,
Osa me proposer de l'accepter pour gendre;
Je vous donne au héros qui marche contre lui,

Au plus grand des guerriers armés pour nous dé-
    fendre,
Autrefois mon émule, à présent notre appui.

AMÉNAÏDE.

Quel appui ! vous vantez sa superbe fortune ;
Mes vœux plus modérés la voudraient plus commune:
Je voudrais qu'un héros si fier et si puissant
N'eût point, pour s'agrandir, dépouillé l'innocent.

ARGIRE.

Du conseil, il est vrai, la prudence sévere
Veut punir dans Tancrede une race étrangere :
Elle abusa long temps de son autorité ;
Elle a trop d'ennemis.

AMÉNAÏDE.

              Seigneur, ou je m'abuse,
Ou Tancrede est encore aimé dans Syracuse.

ARGIRE.

Nous rendons tous justice à son cœur indomté ;
Sa valeur a, dit on, subjugué l'Illyrie ;
Mais plus il a servi sous l'aigle des Césars,
Moins il doit espérer de revoir sa patrie :
Il est par un décret chassé de nos remparts.

AMÉNAÏDE.

Pour jamais ! lui ? Tancrede ?

ARGIRE.

             Oui, l'on craint sa présence ;
Et si vous l'avez vu dans les murs de Byzance,
Vous savez qu'il nous hait.

AMÉNAÏDE.

             Je ne le croyais pas.
Ma mere avait pensé qu'il pouvait être encore
L'appui de Syracuse et le vainqueur du Maure ;
Et lorsque dans ces lieux des citoyens ingrats
Pour ce fier Orbassan contre vous s'animerent,
Qu'ils ravirent vos biens, et qu'ils vous opprimerent,
Tancrede aurait pour vous affronté le trépas.

ACTE I, SCENE IV.

C'est tout ce que j'ai su.

ARGIRE.

C'est trop, Aménaïde :
Rendez-vous aux conseils d'un pere qui vous guide ;
Conformez-vous au temps, conformez-vous aux lieux.
Solamir, et Tancrede, et la cour de Byzance,
Sont tous également en horreur à nos yeux.
Votre bonheur dépend de votre complaisance.
J'ai pendant soixante ans combattu pour l'état ;
Je le servis injuste, et le chéris ingrat :
Je dois penser ainsi jusqu'à ma derniere heure.
Prenez mes sentiments ; et, devant que je meure,
Consolez mes vieux ans dont vous faites l'espoir.
Je suis prêt à finir une vie orageuse :
La vôtre doit couler sous les lois du devoir ;
Et je mourrai content si vous vivez heureuse.

AMÉNAÏDE.

Ah, seigneur! croyez-moi, parlez moins de bonheur.
Je ne regrette point la cour d'un empereur.
Je vous ai consacré mes sentiments, ma vie ;
Mais, pour en disposer, attendez quelques jours.
Au crédit d'Orbassan trop d'intérêt vous lie :
Ce crédit si vanté doit-il durer toujours ?
Il peut tomber ; tout change ; et ce héros peut être
S'est trop tôt déclaré votre gendre et mon maître.

ARGIRE.

Comment? que dites-vous ?

AMÉNAÏDE.

Cette témérité
Vous offense peut-être, et vous semble une injure.
Je sais que dans les cours mon sexe plus flatté
Dans votre république a moins de liberté :
A Byzance on le sert ; ici la loi plus dure
Veut de l'obéissance, et défend le murmure.
Les Musulmans altiers, trop long-temps vos vain-
  queurs,

Ont changé la Sicile, ont endurci vos mœurs :
Mais qui peut altérer vos bontés paternelles ?

ARGIRE.

Vous seule, vous, ma fille, en abusant trop d'elles.
De tout ce que j'entends mon esprit est confus :
J'ai permis vos délais, mais non pas vos refus.
La loi ne peut plus rompre un nœud si légitime :
La parole est donnée ; y manquer est un crime.
Vous me l'avez bien dit, je suis né malheureux ;
Jamais aucun succès n'a couronné mes vœux.
Tous les jours de ma vie ont été des orages.
Dieu puissant ! détournez ces funestes presages ;
Et puisse Aménaide, en formant ces liens,
Se préparer des jours moins tristes que les miens !

SCENE V.

AMÉNAIDE.

Tancrede, cher amant ! moi, j'aurais la faiblesse
De trahir mes serments pour ton persécuteur !
Plus cruelle que lui, perfide avec bassesse,
Partageant ta dépouille avec cet oppresseur,
Je pourrais....

SCENE VI.

AMÉNAIDE, FANIE.

AMÉNAIDE.

Viens, approche, ô ma chere Fanie !
Vois le trait détesté qui m'arrache la vie.
Orbassan par mon pere est nommé mon époux !

FANIE.

Je sens combien cet ordre est douloureux pour vous.
J'ai vu vos sentiments, j'en ai connu la force.
Le sort n'eut point de traits, la cour n'eut point
    d'amorce,

ACTE I, SCÈNE VI.

Qui pussent arrêter ou détourner vos pas,
Quand la route par vous fut une fois choisie.
Votre cœur s'est donné, c'est pour toute la vie.
Tancrede et Solamir, touchés de vos appas,
Dans la cour des Césars en secret soupirèrent:
Mais celui que vos yeux justement distinguèrent,
Qui seul obtint vos vœux, qui sut les mériter,
En sera toujours digne : et, puisque dans Byzance
Sur le fier Solamir il eut la préférence,
Orbassan dans ces lieux ne pourra l'emporter:
Votre ame est trop constante.

AMÉNAÏDE.

Ah ! tu n'en peux douter.
On dépouille Tancrede, on l'exile, on l'outrage :
C'est le sort d'un héros d'être persécuté ;
Je sens que c'est le mien de l'aimer davantage.
Écoute: dans ces murs Tancrede est regretté ;
Le peuple le chérit.

FANIE.

Banni dans son enfance,
De son pere oublié les fastueux amis
Ont bientôt à son sort abandonné le fils.
Peu de cœurs comme vous tiennent contre l'absence.
A leurs seuls intérêts les grands sont attachés.
Le peuple est plus sensible.

AMÉNAÏDE.

Il est aussi plus juste.

FANIE.

Mais il est asservi : nos amis sont cachés ;
Aucun n'ose parler pour ce proscrit auguste.
Un sénat tyrannique est ici tout puissant.

AMÉNAÏDE.

Oui, je sais qu'il peut tout quand Tancrede est absent.

FANIE.

S'il pouvait se montrer, j'espérerais encore;
Mais il est loin de vous.

AMÉNAÏDE.

Juste ciel, je t'implore !
(à Fanie.)
Je me confie à toi. Tancrede n'est pas loin ;
Et quand de l'écarter on prend l'indigne soin,
Lorsque la tyrannie au comble est parvenue,
Il est temps qu'il paraisse, et qu'on tremble à sa vue.
Tancrede est dans Messine.

FANIE.

Est-il vrai ? justes cieux !
Et cet indigne hymen est formé sous ses yeux !

AMÉNAÏDE.

Il ne le sera pas... non, Fanie ; et peut-être
Mes oppresseurs et moi nous n'aurons plus qu'un
    maître.
Viens... je t'apprendrai tout... mais il faut tout oser.
Le joug est trop honteux ; ma main doit le briser.
La persécution enhardit ma faiblesse.
Le trahir est un crime, obéir est bassesse.
S'il vient, c'est pour moi seule, et je l'ai mérité :
Et moi, timide esclave à son tyran promise,
Victime malheureuse indignement soumise,
Je mettrais mon devoir dans l'infidélité !
Non ; l'amour à mon sexe inspire le courage :
C'est à moi de hâter ce fortuné retour ;
Et s'il est des dangers que ma crainte envisage,
Ces dangers me sont chers, ils naissent de l'amour.

FIN DU PREMIER ACTE.

ACTE SECOND.

SCÈNE I.

AMÉNAIDE.

Où porté-je mes pas?... d'où vient que je frissonne?
Moi, des remords!.. qui, moi? le crime seul les donne...
Ma cause est juste... O cieux! protégez mes desseins!
(*à Fanie qui entre.*)
Allons, rassurons-nous... Suis-je en tout obéie?

FANIE.

Votre esclave est parti; la lettre est dans ses mains.

AMÉNAIDE.

Il est maître, il est vrai, du secret de ma vie;
Mais je connais son zele : il m'a toujours servie.
On doit tout quelquefois aux derniers des humains.
Né d'aieux musulmans chez les Syracusains,
Instruit dans les deux lois, et dans les deux langages,
Du camp des Sarrasins il connaît les passages,
Et des monts de l'Etna les plus secrets chemins.
C'est lui qui découvrit, par une course utile,
Que Tancrede en secret a revu la Sicile;
C'est lui par qui le ciel veut changer mes destins.
Ma lettre, par ses soins remise aux mains d'un Maure,
Dans Messine demain doit être avant l'aurore.
Des Maures et des Grecs les besoins mutuels
Ont toujours conservé, dans cette longue guerre,
Une correspondance à tous deux nécessaire,
Tant la nature unit les malheureux mortels!

FANIE.

Ce pas est dangereux; mais le nom de Tancrede,
Ce nom si redoutable à qui tout autre cede,
Et qu'ici nos tyrans ont toujours en horreur,
Ce beau nom que l'amour grava dans votre cœur,
N'est point dans cette lettre à Tancrede adressée.
Si vous l'avez toujours présent à la pensée,
Vous avez su du moins le taire en écrivant.
Au camp des Sarrasins votre lettre portée
Vainement serait lue, ou serait arrêtee.
Enfin, jamais l'amour ne fut moins imprudent,
Ne sut mieux se voiler dans l'ombre du mystere,
Et ne fut plus hardi sans être téméraire.
Je ne puis cependant vous cacher mon effroi.

AMÉNAIDE.

Le ciel jusqu'à présent semble veiller sur moi;
Il ramene Tancrede, et tu veux que je tremble?

FANIE.

Hélas! qu'en d'autres lieux sa bonté vous rassemble.
La haine et l'intérêt s'arment trop contre lui :
Tout son parti se tait; qui sera son appui?

AMÉNAIDE.

Sa gloire. Qu'il se montre, il deviendra le maître.
Un héros qu'on opprime attendrit tous les cœurs;
Il les anime tous, quand il vient à paraître.

FANIE.

Son rival est à craindre.

AMÉNAÏDE.

Ah! combats ces terreurs,
Et ne m'en donne point. Souviens toi que ma mere
Nous unit l'un et l'autre à ses derniers moments;
Que Tancrede est à moi; qu'aucune loi contraire
Ne peut rien sur nos vœux et sur nos sentiments.
Hélas! nous regrettions cette isle si funeste,
Dans le sein de la gloire et des murs des Césars;
Vers ces champs trop aimés qu'aujourd'hui je déteste,

ACTE II, SCENE I.

Nous tournions tristement nos avides regards.
J'étais loin de penser que le sort qui m'obsede
Me gardât pour époux l'oppresseur de Tancrede,
Et que j'aurais pour dot l'exécrable présent
Des biens qu'un ravisseur enleve à mon amant.
Il faut l'instruire au moins d'une telle injustice ;
Qu'il apprenne de moi sa perte et mon supplice ;
Qu'il hâte son retour et defende ses droits.
Pour venger un héros je fais ce que je dois.
Ah ! si je le pouvais, j'en ferais davantage.
J'aime, je crains un pere, et respecte son âge ;
Mais je voudrais armer nos peuples soulevés
Contre cet Orbassan qui nous a captivés.
D'un brave chevalier sa conduite est indigne :
Intéressé, cruel, il prétend à l'honneur !
Il croit d'un peuple libre être le protecteur !
Il ordonne ma honte, et mon pere la signe !
Et je dois la subir, et je dois me livrer
Au maître impérieux qui pense m'honorer !
Hélas ! dans Syracuse on hait la tyrannie ;
Mais la plus exécrable, et la plus impunie,
Est celle qui commande et la haine et l'amour,
Et qui veut nous forcer de changer en un jour.
Le sort en est jeté.

FANIE.
Vous aviez paru craindre.

AMÉNAÏDE.
Je ne crains plus.

FANIE.
On dit qu'un arrêt redouté
Contre Tancrede même est aujourd'hui porté :
Il y va de la vie à qui le veut enfreindre.

AMÉNAÏDE.
Je le sais ; mon esprit en fut épouvanté :
Mais l'amour est bien faible alors qu'il est timide.
J'adore, tu le sais, un héros intrépide ;

11.

Comme lui je dois l'être.

FANIE.

Une loi de rigueur
Contre vous, après tout, serait-elle écoutée?
Pour effrayer le peuple elle paraît dictée.

AMÉNAIDE.

Elle attaque Tancrede; elle me fait horreur.
Que cette loi jalouse est digne de nos maîtres!
Ce n'était point ainsi que ses braves ancêtres,
Ces généreux Français, ces illustres vainqueurs,
Subjuguaient l'Italie, et conquéraient des cœurs.
On aimait leur franchise, on redoutait leurs armes;
Les soupçons n'entraient point dans leurs esprits altiers.
L'honneur avait uni tous ces grands chevaliers:
Chez les seuls ennemis ils portaient les alarmes;
Et le peuple, amoureux de leur autorité,
Combattait pour leur gloire et pour sa liberté.
Ils abaissaient les Grecs, ils triomphaient du Maure.
Aujourd'hui je ne vois qu'un sénat ombrageux,
Toujours en défiance, et toujours orageux,
Qui lui-même se craint, et que le peuple abhorre.
Je ne sais si mon cœur est trop plein de ses feux:
Trop de prévention peut-être me possede;
Mais je ne puis souffrir ce qui n'est pas Tancrede:
La foule des humains n'existe point pour moi;
Son nom seul en ces lieux dissipe mon effroi,
Et tous ses ennemis irritent ma colere.

SCENE II.

AMÉNAIDE, FANIE, *sur le devant;* ARGIRE,
LES CHEVALIERS, *au fond.*

ARGIRE.

Chevaliers... je succombe à cet excès d'horreur.

ACTE II, SCÈNE II.

Ah! j'espérais du moins mourir sans déshonneur.
(*à sa fille, avec des sanglots mêlés de colère.*)
Retirez-vous... sortez.

AMÉNAÏDE.

Qu'entends-je? vous, mon père!

ARGIRE.

Moi, ton père!... est-ce à toi de prononcer ce nom,
Quand tu trahis ton sang, ton pays, ta maison?

AMÉNAÏDE, *faisant un pas, appuyée sur Fanie.*
Je suis perdue!...

ARGIRE.

Arrête... ah, trop chère victime!
Qu'as-tu fait?...

AMÉNAÏDE, *pleurant.*
Nos malheurs...

ARGIRE.

Pleures-tu sur ton crime?

AMÉNAÏDE.

Je n'en ai point commis.

ARGIRE.

Quoi! tu démens ton seing?

AMÉNAÏDE.

Non...

ARGIRE.

Tu vois que le crime est écrit de ta main.
Tout sert à m'accabler, tout sert à te confondre.
Ma fille!... il est donc vrai?... tu n'oses me répondre.
Laisse au moins dans le doute un père au désespoir.
J'ai vécu trop long-temps... Qu'as-tu fait?...

AMÉNAÏDE.

Mon devoir.
Aviez-vous fait le vôtre?

ARGIRE.

Ah! c'en est trop, cruelle:
Oses-tu te vanter d'être si criminelle?
Laisse-moi, malheureuse; ôte-toi de ces lieux:

Va, sors... une autre main saura fermer mes yeux.
AMÉNAÏDE *sort presque évanouie entre les bras de Fanie.*

Je me meurs.

SCENE III.

ARGIRE, LES CHEVALIERS.

ARGIRE.
Mes amis, dans une telle injure...
Après son aveu même... après ce crime affreux...
Excusez d'un vieillard les sanglots douloureux...
Je dois tout à l'état... mais tout à la nature.
Vous n'exigerez pas qu'un pere malheureux
A vos séveres voix mêle sa voix tremblante.
Aménaïde, hélas! ne peut être innocente;
Mais signer à la fois mon opprobre et sa mort,
Vous ne le voulez pas... c'est un barbare effort :
La nature en fremit, et j'en suis incapable.

LORÉDAN.
Nous plaignons tous, seigneur, un pere respectable;
Nous sentons sa blessure, et craignons de l'aigrir :
Mais vous-même avez vu cette lettre coupable;
L'esclave la portait au camp de Solamir;
Auprès de ce camp même on a surpris le traître,
Et l'insolent Arabe a pu le voir punir.
Ses odieux desseins n'ont que trop su paraître.
L'état était perdu. Nos dangers, nos sermens,
Ne souffrent point de nous de vains ménagemens
Les lois n'écoutent point la pitié paternelle;
L'état parle, il suffit.

ARGIRE.
Seigneur, je vous entends.
Je sais ce qu'on prépare à cette criminelle.
Mais elle était ma fille... et voilà son époux...

ACTE II, SCENE III.

Je cede à ma douleur... je m'abandonne à vous...
Il ne me reste plus qu'à mourir avant elle.
(*il sort.*)

SCENE IV.

LES CHEVALIERS.

CATANE.

Déja de la saisir l'ordre est donné par nous.
Sans doute il est affreux de voir tant de noblesse,
Les graces, les attraits, la plus tendre jeunesse,
L'espoir de deux maisons, le destin le plus beau,
Par le dernier supplice enfermés au tombeau.
Mais telle est parmi nous la loi de l'hyménée ;
C'est la religion lâchement profanée,
C'est la patrie enfin que nous devons venger.
L'infidele en nos murs appelle l'étranger !
La Grece et la Sicile ont vu des citoyennes,
Renonçant à leur gloire, au titre de chrétiennes,
Abandonner nos lois pour ces fiers Musulmans,
Vainqueurs de tous côtés, et par-tout nos tyrans :
Mais que d'un chevalier la fille respectée,
    (*à Orbassan.*)
Sur le point d'être à vous, et marchant à l'autel,
Exécute un complot si lâche et si cruel !
De ce crime nouveau Syracuse infectée
Veut de notre justice un exemple éternel.

LORÉDAN.

Je l'avoue en tremblant ; sa mort est légitime :
Plus sa race est illustre, et plus grand est le crime.
On sait de Solamir l'espoir ambitieux ;
On connaît ses desseins, son amour téméraire,
Ce malheureux talent de tromper et de plaire,
D'imposer aux esprits, et d'éblouir les yeux.
C'est à lui que s'adresse un écrit si funeste,
Régnez dans nos états : ces mots trop odieux

Nous révelent assez un complot manifeste.
Pour l'honneur d'Orbassan je supprime le reste ;
Il nous ferait rougir. Quel est le chevalier
Qui daignera jamais, suivant l'antique usage,
Pour ce coupable objet signaler son courage,
Et hasarder sa gloire à le justifier?

CATANE.

Orbassan, comme vous nous sentons votre injure ;
Nous allons l'effacer au milieu des combats.
Le crime rompt l'hymen : oubliez la parjure.
Son supplice vous venge, et ne vous flétrit pas.

ORBASSAN.

Il me consterne, au moins.. et coupable ou fidèle,
Sa main me fut promise... On approche... C'est elle
Qu'au séjour des forfaits conduisent des soldats...
Cette honte m'indigne autant qu'elle m'offense :
Laissez-moi lui parler.

SCENE V.

LES CHEVALIERS, *sur le devant;* AMÉNAIDE, *au fond, entourée de gardes.*

AMÉNAÏDE, *dans le fond.*

     O céleste puissance,
Ne m'abandonnez point dans ces moments affreux.
Grand Dieu! vous connaissez l'objet de tous mes vœux;
Vous connaissez mon cœur ; est-il donc si coupable?

CATANE.

Vous voulez voir encor cet objet condamnable?

ORBASSAN.

Oui, je le veux.

CATANE.

    Sortons. Parlez-lui ; mais songez
Que les lois, les autels, l'honneur, sont outragés :
Syracuse à regret exige une victime.

ORBASSAN.

Je le sais comme vous : un même soin m'anime.
Eloignez-vous, soldats.

SCENE VI.

AMÉNAIDE, ORBASSAN.

AMÉNAÏDE.
                Qu'osez-vous attenter?
A mes derniers moments venez-vous insulter?
ORBASSAN.
Ma fierté jusque-là ne peut être avilie.
 Je vous donnais ma main, je vous avais choisie;
Peut-être l'amour même avait dicté ce choix.
Je ne sais si mon cœur s'en souviendrait encore,
Ou s'il est indigné d'avoir connu ses lois;
Mais il ne peut souffrir ce qui le déshonore.
Je ne veux point penser qu'Orbassan soit trahi
Pour un chef étranger, pour un chef ennemi,
Pour un de ces tyrans que notre culte abhorre :
Ce crime est trop indigne; il est trop inoui :
Et pour vous, pour l'état, et sur-tout pour ma gloire,
Je veux fermer les yeux, et prétends ne rien croire.
Syracuse aujourd'hui voit en moi votre époux :
Ce titre me suffit; je me respecte en vous;
Ma gloire est offensée, et je prends sa défense.
Les lois des chevaliers ordonnent ces combats;
Le jugement de Dieu (1) dépend de notre bras;
C'est le glaive qui juge et qui fait l'innocence.
Je suis prêt.
            AMÉNAÏDE.
        Vous?

---

(1) On sait assez qu'on appelait ces combats *le jugement de Dieu*.

ORBASSAN.

Moi seul; et j'ose me flatter
Qu'apres cette démarche, après cette entreprise
(Qu'aux yeux de tout guerrier mon honneur autorise),
Un cœur qui m'était dû me saura mériter.
Je n'examine point si votre ame surprise
Ou par mes ennemis, ou par un séducteur,
Un moment aveuglée eut un moment d'erreur,
Si votre aversion fuyait mon hyménée.
Les bienfaits peuvent tout sur une ame bien née;
La vertu s'affermit par un remords heureux.
Je suis sûr, en un mot, de l'honneur de tous deux.
Mais ce n'est point assez: j'ai le droit de prétendre
(Soit fierté, soit amour) un sentiment plus tendre.
Les lois veulent ici des sermens solennels;
J'en exige un de vous, non tel que la contrainte
En dicte à la faiblesse, en impose à la crainte,
Qu'en se trompant soi-même on prodigue aux autels:
A ma franchise altiere il faut parler sans feinte:
Prononcez. Mon cœur s'ouvre, et mon bras est armé.
Je puis mourir pour vous; mais je dois être aimé.

AMÉNAÏDE.

Dans l'abyme effroyable où je suis descendue,
A peine avec horreur à moi-même rendue,
Cet effort généreux, que je n'attendais pas,
Porte le dernier coup à mon ame éperdue,
Et me plonge au tombeau qui s'ouvrait sous mes pas.
Vous me forcez, seigneur, à la reconnaissance ;
Et, tout près du sépulcre où l'on va m'enfermer,
Mon dernier sentiment est de vous estimer.

Connaissez-moi; sachez que mon cœur vous offense;
Mais je n'ai point trahi ma gloire et mon pays:
Je ne vous trahis point; je n'avais rien promis.
Mon ame envers la vôtre est assez criminelle;
Sachez qu'elle est ingrate, et non pas infidele...
Je ne peux vous aimer; je ne peux, à ce prix,

Accepter un combat pour ma cause entrepris.
Je sais de votre loi la dureté barbare,
Celle de mes tyrans, la mort qu'on me prépare.
Je ne me vante point du fastueux effort
De voir, sans m'alarmer, les apprêts de ma mort...
Je regrette la vie... elle dut m'être chere.
Je pleure mon destin, je gémis sur mon pere;
Mais, malgré ma faiblesse, et malgré mon effroi,
Je ne puis vous tromper; n'attendez rien de moi.
Je vous parais coupable après un tel outrage;
Mais ce cœur, croyez-moi, le serait davantage,
Si jusqu'à vous complaire il pouvait s'oublier.
Je ne veux (pardonnez à ce triste langage)
De vous pour mon époux. ni pour mon chevalier.
J'ai prononcé; jugez, et vengez votre offense.

ORBASSAN.

Je me borne, madame, à venger mon pays,
A dédaigner l'audace, à braver le mépris,
A l'oublier. Mon bras prenait votre défense:
Mais, quitte envers ma gloire, aussi-bien qu'envers
    vous,
Je ne suis plus qu'un juge à son devoir fidele,
Soumis à la loi seule, insensible comme elle,
Et qui ne doit sentir ni regrets ni courroux.

SCENE VII.

AMÉNAIDE, SOLDATS, *dans l'enfoncement.*

AMÉNAÏDE.

J'ai donc dicté l'arrêt... et je me sacrifie!
O toi, seul des humains qui méritas ma foi,
Toi, pour qui je mourrai. pour qui j'aimais la vie,
Je suis donc condamnée!... Oui, je le suis pour toi;
Allons... je l'ai voulu... Mais tant d'ignominie,
Mais un pere accablé, dont les jours vont finir!
Des liens, des bourreaux... ces apprêts d'infamie!

O mort ! affreuse mort ! puis-je vous soutenir ?
Tourments, trépas honteux... tout mon courage cede...
Non, il n'est point de honte en mourant pour Tancrede.
On peut m'ôter le jour, et non pas me punir.
Quoi ! je meurs en coupable !... un pere, une patrie !
Je les servais tous deux, et tous deux m'ont flétrie !
Et je n'aurai pour moi, dans ces moments d'horreur,
Que mon seul témoignage, et la voix de mon cœur !
(à Fanie qui entre.)
Quels moments pour Tancrede ! O ma chere Fanie !
(Fanie lui baise la main en pleurant, et Aménaïde l'embrasse.)
La douceur de te voir ne m'est donc point ravie !

FANIE.

Que ne puis-je avant vous expirer en ces lieux !

AMÉNAÏDE.

Ah !... je vois s'avancer ces monstres odieux...
(Les gardes qui étaient dans le fond s'avancent pour l'emmener.)
Porte un jour au héros à qui j'étais unie
Mes derniers sentiments, et mes derniers adieux,
Fanie... il apprendra si je mourus fidele.
Je coûterai du moins des larmes à ses yeux ;
Je ne meurs que pour lui... ma mort est moins cruelle.

FIN DU SECOND ACTE.

ACTE TROISIEME.

SCENE I.

TANCREDE, *suivi de deux écuyers qui portent sa lance, son écu, etc.;* ALDAMON.

TANCREDE.

A tous les cœurs bien nés que la patrie est chere !
Qu'avec ravissement je revois ce séjour !
Cher et brave Aldamon, digne ami de mon pere,
C'est toi dont l'heureux zele a servi mon retour.
Que Tancrede est heureux ! que ce jour m'est prospere !
Tout mon sort est changé. Cher ami, je te dois
Plus que je n'ose dire, et plus que tu ne crois.

ALDAMON.

Seigneur, c'est trop vanter mes services vulgaires,
Et c'est trop relever un sort tel que le mien ;
Je ne suis qu'un soldat, un simple citoyen...

TANCREDE.

Je le suis comme vous : les citoyens sont freres.

ALDAMON.

Deux ans dans l'Orient sous vous j'ai combattu ;
Je vous vis effacer l'éclat de vos ancêtres ;
J'admirai d'assez près votre haute vertu ;
C'est là mon seul mérite. Llevé par mes maîtres,
Né dans votre maison, je vous suis asservi.
Je dois...

TANCREDE.

Vous ne devez être que mon ami.

Voilà donc ces remparts que je voulais défendre,
Ces murs toujours sacrés pour le cœur le plus tendre,
Ces murs qui m'ont vu naître, et dont je suis banni!
Apprends-moi dans quels lieux respire Aménaïde.

ALDAMON.

Dans ce palais antique où son père réside;
Cette place y conduit: plus loin vous contemplez
Ce tribunal auguste, où l'on voit assemblés
Ces vaillants chevaliers, ce sénat intrepide,
Qui font les lois du peuple, et combattent pour lui,
Et qui vaincraient toujours le musulman perfide,
S'ils ne s'étaient privés de leur plus grand appui.
Voilà leurs boucliers, leurs lances, leurs devises,
Dont la pompe guerriere annonce aux nations
La splendeur de leurs faits, leurs nobles entreprises.
Votre nom seul ici manquait à ces grands noms.

TANCREDE.

Que ce nom soit caché, puisqu'on le persécute;
Peut-être en d'autres lieux il est célebre assez.

(*a ses écuyers.*)

Vous, qu'on suspende ici mes chiffres effacés:
Aux fureurs des partis qu'ils ne soient plus en butte;
Que mes armes sans faste, emblème des douleurs,
Telles que je les porte au milieu des batailles,
Ce simple bouclier, ce casque sans couleurs,
Soient attachés sans pompe à ces tristes murailles.

(*les écuyers suspendent ses armes aux places
vides, au milieu des autres trophées.*)

Conservez ma devise, elle est chere à mon cœur;
Elle a dans mes combats soutenu ma vaillance;
Elle a conduit mes pas et fait mon espérance;
Les mots en sont sacrés; c'est *l'amour et l'honneur.*

Lorsque les chevaliers descendront dans la place,
Vous direz qu'un guerrier, qui veut être inconnu,
Pour les suivre au combat dans leurs murs est venu,
Et qu'à les imiter il borne son audace.

(*à Aldamon.*)
Quel est leur chef, ami?
ALDAMON.
Ce fut depuis trois ans,
Comme vous l'avez su, le respectable Argire.
TANCREDE, *à part.*
Pere d'Aménaide !..
ALDAMON.
On le vit trop long-temps
Succomber au parti dont nous craignons l'empire.
Il reprit à la fin sa juste autorité :
On respecte son rang, son nom, sa probité ;
Mais l'âge l'affaiblit. Orbassan lui succede.
TANCREDE.
Orbassan ! l'ennemi, l'oppresseur de Tancrede !
Ami, quel est le bruit répandu dans ces lieux?
Ah ! parle, est-il bien vrai que cet audacieux
D'un pere trop facile ait surpris la faiblesse,
Que de son alliance il ait eu la promesse,
Que sur Aménaide il ait levé les yeux,
Qu'il ait osé prétendre à s'unir avec elle?
ALDAMON.
Hier confusément j'en appris la nouvelle.
Pour moi, loin de la ville, établi dans ce fort
Où je vous ai reçu, grace à mon heureux sort,
A mon poste attaché, j'avouerai que j'ignore
Ce qu'on a fait depuis dans ces murs que j'abhorre ;
On vous y persécute, ils sont affreux pour moi.
TANCREDE.
Cher ami, tout mon cœur s'abandonne à ta foi ;
Cours chez Aménaide, et parais devant elle ;
Dis lui qu'un inconnu, brûlant du plus beau zele
Pour l'honneur de son sang, pour son auguste nom,
Pour les prospérités de sa noble maison,
Attaché dès l'enfance à sa mere, à sa race,
D'un entretien secret lui demande la grace.

12.

ALDAMON.
Seigneur, dans sa maison j'eus toujours quelque accès;
On y voit avec joie, on accueille, on honore
Tous ceux qu'à votre nom le zele attache encore.
Plût au ciel qu'on eût vu le pur sang des Français
Uni dans la Sicile au noble sang d'Argire!
Quel que soit le dessein, seigneur, qui vous inspire,
Puisque vous m'envoyez, je réponds du succès.

SCENE II.
TANCREDE; SES ÉCUYERS, *au fond.*

TANCREDE.
Il sera favorable; et ce ciel qui me guide,
Ce ciel qui me ramene aux pieds d'Aménaide,
Et qui dans tous les temps accorda sa faveur
Au veritable amour, au véritable honneur,
Ce ciel qui m'a conduit dans les tentes du Maure,
Parmi mes ennemis soutient ma cause encore.
Aménaide m'aime, et son cœur me répond
Que le mien dans ces lieux ne peut craindre un affront.
Loin des camps des Césars, et loin de l'Illyrie,
Je viens enfin pour elle au sein de ma patrie,
De ma patrie ingrate, et qui, dans mon malheur,
Après Aménaide est si chere à mon cœur!
J'arrive : un autre ici l'obtiendrait de son pere!
Et sa fille à ce point aurait pu me trahir!
Quel est cet Orbassan? quel est ce téméraire?
Quels sont donc les exploits dont il doit s'applaudir?
Qu'a-t-il fait de si grand qui le puisse enhardir
A demander un prix qu'on doit à la vaillance;
Qui des plus grands héros serait la récompense;
Qui m'appartient; du moins par les droits de l'amour?
Avant de me l'ôter, il m'ôtera le jour.
Après mon trépas même elle serait fidele.
L'oppresseur de mon sang ne peut régner sur elle.
Oui, ton cœur m'est connu, je n'en redoute rien,

Ma chere Aménaïde, il est tel que le mien,
Incapable d'effroi, de crainte, et d'inconstance.

SCENE III.

TANCREDE, ALDAMON.

TANCREDE.

Ah! trop heureux ami, tu sors de sa présence:
Tu vois tous mes transports; allons, conduis mes pas.

ALDAMON.

Vers ces funestes lieux, seigneur, n'avancez pas.

TANCREDE.

Que me dis-tu? les pleurs inondent ton visage!

ALDAMON.

Ah! fuyez pour jamais ce malheureux rivage;
Après les attentats que ce jour a produits,
Je n'y puis demeurer tout obscur que je suis.

TANCREDE.

Comment?..

ALDAMON.

   Portez ailleurs ce courage sublime:
La gloire vous attend aux tentes des Césars;
Elle n'est point pour vous dans ces affreux remparts:
Fuyez; vous n'y verriez que la honte et le crime.

TANCREDE.

De quels traits inouis viens-tu percer mon cœur!
Qu'as-tu vu? que t'a dit, que fait Aménaïde?

ALDAMON.

J'ai trop vu vos desseins... Oubliez la, seigneur.

TANCREDE.

Ciel! Orbassan l'emporte! Orbassan! la perfide!
L'ennemi de son pere, et mon persécuteur!

ALDAMON.

Son pere a ce matin signé cet hyménée;
Et la pompe fatale en était ordonnée...

TANCREDE.
Et je serais témoin de cet excès d'horreur !
ALDAMON.
Votre dépouille ici leur fut abandonnée,
Vos biens étaient sa dot. Un rival odieux,
Seigneur, vous enlevait le bien de vos aieux.
TANCREDE.
Le lâche ! il m'enlevait ce qu'un héros méprise.
Aménaide, ô ciel ! en ses mains est remise ?
Elle est à lui ?
ALDAMON.
Seigneur, ce sont les moindres coups
Que le ciel irrité vient de lancer sur vous.
TANCREDE.
Acheve donc, cruel, de m'arracher la vie ;
Acheve... parle... hélas !
ALDAMON.
Elle allait être unie
Au fier persécuteur de vos jours glorieux ;
Le flambeau de l'hymen s'allumait en ces lieux ;
Lorsqu'on a reconnu quelle est sa perfidie :
C'est peu d'avoir changé, d'avoir trompé vos vœux,
L'infidèle, seigneur, vous trahissait tous deux.
TANCREDE.
Pour qui ?
ALDAMON.
Pour une main étrangere, ennemie,
Pour l'oppresseur altier de notre nation,
Pour Solamir.
TANCREDE.
O ciel ! ô trop funeste nom !
Solamir !.. Dans Byzance il soupira pour elle :
Mais il fut dédaigné, mais je fus son vainqueur ;
Elle n'a pu trahir ses serments et mon cœur ;
Tant d'horreur n'entre point dans une ame si belle ;
Elle en est incapable.

ALDAMON.
　　　　　A regret j'ai parlé ;
Mais ce secret horrible est par-tout révélé.
　　　　TANCREDE.
Ecoute : je connais l'envie et l'imposture :
Eh ! quel cœur généreux échappe à leur injure !
Proscrit dès mon berceau, nourri dans le malheur,
Moi toujours éprouvé, moi qui suis mon ouvrage,
Qui d'états en états ai porté mon courage,
Qui par-tout de l'envie ai senti la fureur,
Depuis que je suis né, j'ai vu la calomnie
Exhaler les venins de sa bouche impunie,
Chez les républicains, comme à la cour des rois.
Argire fut long-temps accusé par sa voix ;
Il souffrit comme moi : cher ami, je m'abuse,
Ou ce monstre odieux regne dans Syracuse ;
Ses serpents sont nourris de ces mortels poisons
Que dans les cœurs trompés jettent les factions.
De l'esprit de parti je sais quelle est la rage :
L'auguste Aménaide en éprouve l'outrage.
Entrons : je veux la voir, l'entendre, et m'éclairer.
　　　　ALDAMON.
Ah ! seigneur, arrêtez : il faut donc tout vous dire ;
On l'arrache des bras du malheureux Argire ;
Elle est aux fers.
　　　　TANCREDE.
　　　　Qu'entends-je ?
　　　　ALDAMON.
　　　　　　　　Et l'on va la livrer,
Dans cette place même, au plus affreux supplice.
　　　　TANCREDE.
Aménaide !
　　　　ALDAMON.
　　　　Hélas ! si c'est une justice,
Elle est bien odieuse ; on ose en murmurer,
On pleure ; mais, seigneur, on se borne à pleurer.

TANCREDE.
Aménaïde! ô cieux!.. crois-moi, ce sacrifice,
Cet horrible attentat ne s'achevera pas.
ALDAMON.
Le peuple au tribunal précipite ses pas:
Il la plaint, il gémit, en la nommant perfide;
Et d'un cruel spectacle indignement avide,
Turbulent, curieux avec compassion,
Il s'agite en tumulte autour de la prison.
Etrange empressement de voir des misérables!
On hâte en gémissant ces moments formidables.
Ces portiques, ces lieux que vous voyez déserts,
De nombreux citoyens seront bientôt couverts.
Eloignez-vous, venez.
TANCREDE.
Quel vieillard vénérable
Sort d'un temple en tremblant, les yeux baignés de
pleurs?
Ses suivants consternés imitent ses douleurs.
ALDAMON.
C'est Argire, seigneur, c'est ce malheureux père...
TANCREDE.
Retire-toi... sur-tout ne me découvre pas.
Que je le plains!

SCENE IV.

ARGIRE, *dans un des côtés de la scène;* TANCREDE, *sur le devant;* ALDAMON, *loin de lui, dans l'enfoncement.*

ARGIRE.
O ciel! avance mon trépas.
O mort! viens me frapper; c'est ma seule prière.
TANCREDE.
Noble Argire, excusez un de ces chevaliers
Qui, contre le croissant déployant leur bannière,

ACTE III, SCENE IV.

Dans de si saints combats vont chercher des lauriers.
Vous voyez le moins grand de ces dignes guerriers.
Je venais... Pardonnez... dans l'état où vous êtes,
Si je mêle à vos pleurs mes larmes indiscretes.

ARGIRE.

Ah! vous êtes le seul qui m'osiez consoler;
Tout le reste me fuit, ou cherche à m'accabler.
Vous-même pardonnez à mon désordre extrême.
A qui parlé-je? hélas!

TANCREDE.

Je suis un étranger,
Plein de respect pour vous, touché comme vous-même,
Honteux, et frémissant de vous interroger;
Malheureux comme vous... Ah! par pitié... de grace,
Une seconde fois excusez tant d'audace.
Est-il vrai?.. votre fille..! est-il possible?..

ARGIRE.

Hélas!
Il est trop vrai, bientôt on la mene au trépas.

TANCREDE.

Elle est coupable?

ARGIRE, *avec des soupirs et des pleurs.*

Elle est... la honte de son pere.

TANCREDE.

Votre fille!.. Seigneur, nourri loin de ces lieux,
Je pensais, sur le bruit de son nom glorieux,
Que si la vertu même habitait sur la terre
Le cœur d'Aménaide était son sanctuaire.
Elle est coupable! ô jour! ô détestables bords!
Jour à jamais affreux!

ARGIRE.

Ce qui me désespere,
Ce qui creuse ma tombe, et ce qui chez les morts
Avec plus d'amertume encor me fait descendre,
C'est qu'elle aime son crime, et qu'elle est sans
    remords.

Aussi nul chevalier ne cherche à la défendre:
Ils ont en gémissant signé l'arrêt mortel;
Et, malgré notre usage antique et solennel,
Si vanté dans l'Europe, et si cher au courage,
De défendre en champ clos le sexe qu'on outrage,
Celle qui fut ma fille à mes yeux va périr,
Sans trouver un guerrier qui l'ose secourir.
Ma douleur s'en accroît, ma honte s'en augmente;
Tout frémit, tout se tait, aucun ne se présente.

TANCREDE.

Il s'en présentera; gardez-vous d'en douter.

ARGIRE.

De quel espoir, seigneur, daignez-vous me flatter?

TANCREDE.

Il s'en présentera, non pas pour votre fille,
Elle est loin d'y prétendre et de le mériter,
Mais pour l'honneur sacré de sa noble famille,
Pour vous, pour votre gloire, et pour votre vertu.

ARGIRE.

Vous rendez quelque vie à ce cœur abattu.
Eh! qui pour nous défendre entrera dans la lice?
Nous sommes en horreur, on est glacé d'effroi;
Qui daignera me tendre une main protectrice?
Je n'ose m'en flatter... Qui combattra?

TANCREDE.

Qui? moi.
Moi, dis-je; et, si le ciel seconde ma vaillance,
Je demande de vous, seigneur, pour récompense,
De partir à l'instant sans être retenu,
Sans voir Aménaïde, et sans être connu.

ARGIRE.

Ah! seigneur, c'est le ciel, c'est Dieu qui vous envoie.
Mon cœur triste et flétri ne peut goûter de joie;
Mais je sens que j'expire avec moins de douleur.
Ah! ne puis-je savoir à qui, dans mon malheur,
Je dois tant de respect et de reconnaissance?

Tout annonce à mes yeux votre haute naissance:
Hélas! qui vois-je en vous?
TANCREDE.
Vous voyez un vengeur.

SCENE V.
ORBASSAN, ARGIRE, TANCREDE, CHEVALIERS, SUITE.

ORBASSAN, *à Argire.*
L'état est en danger; songeons à lui, seigneur.
Nous prétendions demain sortir de nos murailles;
Nous sommes prévenus. Ceux qui nous ont trahis
Sans doute avertissaient nos cruels ennemis.
Solamir veut tenter le destin des batailles;
Nous marcherons à lui. Vous, si vous m'en croyez,
Dérobez à vos yeux un spectacle funeste,
Insupportable, horrible à nos sens effrayés.

ARGIRE.
Il suffit, Orbassan; tout l'espoir qui me reste
C'est d'aller expirer au milieu des combats.
(*montrant Tancrede.*)
Ce brave chevalier y guidera mes pas;
Et, malgré les horreurs dont ma race est flétrie,
Je périrai du moins en servant ma patrie.

ORBASSAN.
Des sentiments si grands sont bien dignes de vous.
Allez aux musulmans porter vos derniers coups;
Mais, avant tout, fuyez cet appareil barbare,
Si peu fait pour vos yeux, et déja qu'on prépare.
On approche.

ARGIRE.
Ah! grand Dieu!

ORBASSAN.
Les regards paternels
Doivent se détourner de ces objets cruels.

Ma place me retient, et mon devoir sévere
Veut qu'ici je contienne un peuple téméraire :
L'inexorable loi ne sait rien ménager ;
Tout horrible qu'elle est, je la dois protéger.
Mais vous, qui n'avez point cet affreux ministere,
Qui peut vous retenir, et qui peut vous forcer
A voir couler le sang que la loi va verser ?
On vient ; éloignez-vous.

TANCREDE, *à Argire.*

Non, demeurez, mon pere.

ORBASSAN.

Et qui donc êtes-vous ?

TANCREDE.

Votre ennemi, seigneur,

L'ami de ce vieillard, peut-être son vengeur,
Peut-être autant que vous à l'état nécessaire.

SCENE VI.

La scene s'ouvre : on voit AMÉNAIDE *au milieu des gardes;* LES CHEVALIERS, LE PEUPLE, *remplissent la place.*

ARGIRE, *à Tancrede.*

Généreux inconnu, daignez me soutenir ;
Cachez-moi ces objets... c'est ma fille elle-même.

TANCREDE.

Quels moments pour tous trois !

AMÉNAIDE.

O justice supême !

Toi qui vois le passé, le présent, l'avenir,
Tu lis seule en mon cœur, toi seule es équitable ;
Des profanes humains la foule impitoyable
Parle et juge en aveugle, et condamne au hasard.
    Chevaliers, citoyens, vous qui tous avez part
Au sanguinaire arrêt porté contre ma vie,
Ce n'est pas devant vous que je me justifie ;

ACTE III, SCENE VI.

Que ce ciel qui m'entend juge entre vous et moi.
Organes odieux d'un jugement inique,
Oui, je vous outrageais, j'ai trahi votre loi ;
Je l'avais en horreur, elle était tyrannique :
Oui, j'offensais un pere, il a forcé mes vœux ;
J'offensais Orbassan, qui, fier et rigoureux,
Prétendait sur mon ame une injuste puissance.
Citoyens, si la mort est due à mon offense,
Frappez ; mais écoutez ; sachez tout mon malheur :
Qui va répondre à Dieu parle aux hommes sans peur.
Et vous, mon pere, et vous, temoin de mon supplice,
Qui ne deviez pas l'etre, et de qui la justice
   (*appercevant Tancrede.*)
Aurait pu... Ciel ! ô ciel ! qui vois-je à ses côtés ?
Est-ce lui..? je me meurs.
 (*elle tombe évanouie entre les gardes.*)
TANCRÈDE.
     Ah ! ma seule présence
Est pour elle un reproche ! il n'importe... Arrêtez,
Ministres de la mort, suspendez la vengeance ;
Arrêtez, citoyens, j'entreprends sa défense,
Je suis son chevalier : ce pere infortuné,
Prêt à mourir comme elle, et non moins condamné,
Daigne avouer mon bras propice à l'innocence.
Que la seule valeur rende ici des arrêts ;
Des dignes chevaliers c'est le plus beau partage ;
Que l'on ouvre la lice à l'honneur, au courage ;
Que les juges du camp fassent tous les apprêts.
Toi, superbe Orbassan, c'est toi que je defie :
Viens mourir de mes mains ou m'arracher la vie ;
Tes exploits et ton nom ne sont pas sans éclat ;
Tu commandes ici, je veux t'en croire digne :
Je jette devant toi le gage du combat.
 (*il jette son gantelet sur la scene.*)
L'oses-tu relever ?

ORBASSAN.

Ton arrogance insigne
Ne mériterait pas qu'on te fît cet honneur :
(*il fait signe à son écuyer de ramasser le gage
de bataille.*)
Je le fais à moi-même ; et, consultant mon cœur,
Respectant ce vieillard qui daigne ici t'admettre,
Je veux bien avec toi descendre à me commettre,
Et daigner te punir de m'oser défier.
Quel est ton rang, ton nom ? ce simple bouclier
Semble nous annoncer peu de marques de gloire.

TANCREDE.

Peut-être il en aura des mains de la victoire.
Pour mon nom, je le tais, et tel est mon dessein ;
Mais je te l'apprendrai les armes à la main.
Marchons.

ORBASSAN.

Qu'à l'instant même on ouvre la barriere ;
Qu'Aménaide ici ne soit plus prisonniere
Jusqu'à l'évènement de ce léger combat.
Vous, sachez, compagnons, qu'en quittant la carriere,
Je marche à votre tête, et je défends l'état.
D'un combat singulier la gloire est périssable ;
Mais servir la patrie est l'honneur véritable.

TANCREDE.

Viens ; et vous, chevaliers, j'espere qu'aujourd'hui
L'état sera sauvé par d'autres que par lui.

SCENE VII.

ARGIRE, *sur le devant ;* AMÉNAIDE, *au fond,
à qui l'on a ôté les fers.*

AMÉNAÏDE, *revenant à elle.*

Ciel ! que deviendra-t-il ? si l'on sait sa naissance,
Il est perdu.

ACTE III, SCENE VII.

ARGIRE.

Ma fille...

AMÉNAÏDE *appuyée sur Fanie, et se retournant vers son pere.*

Ah! que me voulez vous?
Vous m'avez condamnée.

ARGIRE.

O destins en courroux!
Voulez-vous, ô mon Dieu qui prenez sa defense,
Ou pardonner sa faute, ou venger l'innocence?
Quels bienfaits à mes yeux daignez-vous accorder?
Est ce justice ou grace? ah! je tremble et j'espere.
Qu'as tu fait? et comment dois-je te regarder?
Avec quels yeux, hélas!

AMÉNAÏDE.

Avec les yeux d'un pere.
Votre fille est encore au bord de son tombeau.
Je ne sais si le ciel me sera favorable:
Rien n'est changé, je suis encor sous le couteau.
Tremblez moins pour ma gloire, elle est inaltérable;
Mais, si vous êtes pere, ôtez moi de ces lieux;
Dérobez votre fille accablée, expirante,
A tout cet appareil, à la foule insultante
Qui sur mon infortune arrête ici ses yeux,
Observe mes affronts, et contemple des larmes,
Dont la cause est si belle... et qu'on ne connait pas.

ARGIRE.

Viens; mes tremblantes mains rassureront tes pas.
Ciel, de son défenseur favorisez les armes,
Ou d'un malheureux pere avancez le trepas!

FIN DU TROISIEME ACTE.

ACTE QUATRIEME.

SCENE I.

TANCREDE, LORÉDAN, CHEVALIERS.

Marche guerriere: on porte les armes de Tancrede devant lui.

LORÉDAN.
Seigneur, votre victoire est illustre et fatale:
Vous nous avez privés d'un brave chevalier,
Dont le cœur à l'état se livrait tout entier,
Et de qui la valeur fut à la vôtre égale;
Ne pouvons-nous savoir votre nom, votre sort?
TANCREDE, *dans l'attitude d'un homme pensif et affligé.*
Orbassan ne l'a su qu'en recevant la mort;
Il emporte au tombeau mon secret et ma haine.
De mon sort malheureux ne soyez point en peine;
Si je puis vous servir, qu'importe qui je sois?
LORÉDAN.
Demeurez ignoré, puisque vous voulez l'être;
Mais que votre vertu se fasse ici connaître
Par un courage utile et de dignes exploits.
Les drapeaux du croissant dans nos champs vont paraître;
Défendez avec nous notre culte et nos lois;
Voyez dans Solamir un plus grand adversaire:
Nous perdons notre appui, mais vous le remplacez.

ACTE IV, SCENE I.

Rendez-nous le héros que vous nous ravissez ;
Le vainqueur d'Orbassan nous devient nécessaire.
Solamir vous attend.

TANCREDE.

Oui, je vous ai promis
De marcher avec vous contre vos ennemis ;
Je tiendrai ma parole : et Solamir peut-être
Est plus mon ennemi que celui de l'état.
Je le hais plus que vous : mais, quoi qu'il en puisse être,
Sachez que je suis prêt pour ce nouveau combat.

CATANE.

Nous attendons beaucoup d'une telle vaillance ;
Attendez tout aussi de la reconnaissance
Que devra Syracuse à votre illustre bras.

TANCREDE.

Il n'en est point pour moi, je n'en exige pas ;
Je n'en veux point, seigneur ; et cette triste enceinte
N'a rien qui désormais soit l'objet de mes vœux.
Si je verse mon sang, si je meurs malheureux,
Je ne prétends ici récompense, ni plainte,
Ni gloire, ni pitié. Je ferai mon devoir ;
Solamir me verra, c'est là tout mon espoir.

LORÉDAN.

C'est celui de l'état ; déja le temps nous presse.
Ne songeons qu'à l'objet qui tous nous intéresse,
A la victoire : et vous, qui l'allez partager,
Vous serez averti quand il faudra vous rendre
Au poste où l'ennemi croit bientôt nous surprendre.
Dans le sang musulman tout prêts à nous plonger,
Tout autre sentiment nous doit être étranger.
Ne pensons, croyez-moi, qu'à servir la patrie.

(les chevaliers sortent.)

TANCREDE.

Qu'elle en soit digne ou non, je lui donne ma vie.

SCENE II.

TANCREDE, ALDAMON.

ALDAMON.
Ils ne connaissent pas quel trait envenimé
Est caché dans ce cœur trop noble et trop charmé.
Mais, malgré vos douleurs, et malgré votre outrage,
Ne remplirez-vous pas l'indispensable usage
De paraître en vainqueur aux yeux de la beauté
Qui vous doit son honneur, ses jours, sa liberté,
Et de lui présenter de vos mains triomphantes
D'Orbassan terrassé les dépouilles sanglantes ?
TANCREDE.
Non, sans doute, Aldamon, je ne la verrai pas.
ALDAMON.
Eh quoi ! pour la servir vous cherchiez le trépas,
Et vous fuyez loin d'elle ?
TANCREDE.
Et son cœur le mérite.
ALDAMON.
Je vois trop à quel point son crime vous irrite ;
Mais pour ce crime, enfin, vous avez combattu.
TANCREDE.
Oui, j'ai tout fait pour elle, il est vrai, je l'ai dû.
Je n'ai pu, cher ami, malgré sa perfidie,
Supporter ni sa mort ni son ignominie ;
Et, l'eussé-je aimé moins, comment l'abandonner ?
J'ai dû sauver ses jours, et non lui pardonner.
Qu'elle vive, il suffit, et que Tancrede expire.
Elle regrettera l'amant qu'elle a trahi,
Le cœur qu'elle a perdu, ce cœur qu'elle déchire..
A quel excès, ô ciel ! je lui fus asservi !
Pouvais-je craindre, hélas ! de la trouver parjure !
Je pensais adorer la vertu la plus pure.

ACTE IV, SCENE II.

Je croyais les serments, les autels moins sacrés
Qu'une simple promesse, un mot d'Aménaïde...

ALDAMON.

Tout est-il en ces lieux ou barbare ou perfide ?
A la proscription vos jours furent livrés ;
La loi vous persécute, et l'amour vous outrage.
Eh bien ! s'il est ainsi, fuyons de ce rivage :
Je vous suis au combat ; je vous suis pour jamais,
Loin de ces murs affreux, trop souillés de forfaits.

TANCREDE.

Quel charme, dans son crime, à mes esprits rappelle
L'image des vertus que je crus voir en elle !
Toi, qui me fais descendre avec tant de tourment
Dans l'horreur du tombeau dont je t'ai délivrée,
Odieuse coupable... et peut-être adorée !
Toi, qui fais mon destin jusqu'au dernier moment ;
Ah ! s'il était possible, ah ! si tu pouvais être
Ce que mes yeux trompés t'ont vu toujours paraître !
Non, ce n'est qu'en mourant que je puis l'oublier ;
Ma faiblesse est affreuse... il la faut expier,
Il faut périr... mourons, sans nous occuper d'elle.

ALDAMON.

Elle vous a paru tantôt moins criminelle.
L'univers, disiez vous, au mensonge est livré ;
La calomnie y regne.

TANCREDE.

   Ah ! tout est avéré,
Tout est approfondi dans cet affreux mystère :
Solamir en ces lieux adora ses attraits ;
Il demanda sa main pour le prix de la paix.
Hélas ! l'eût-il osé, s'il n'avait pas su plaire ?
Ils sont d'intelligence. En vain j'ai cru mon cœur,
En vain j'avais douté ; je dois en croire un père :
Le père le plus tendre est son accusateur :
Il condamne sa fille ; elle-même s'accuse ;
Enfin mes yeux l'ont vu ce billet plein d'horreur :

« Puissiez-vous vivre en maître au sein de Syracuse,
« Et régner dans nos murs, ainsi que dans mon cœur »!
Mon malheur est certain.

ALDAMON.

Que ce grand cœur l'oublie,
Qu'il dédaigne une ingrate à ce point avilie.

TANCREDE.

Et, pour comble d'horreur, elle a cru s'honorer!
Au plus grand des humains elle a cru se livrer!
Que cette idée encor m'accable et m'humilie!
L'Arabe impérieux domine en Italie;
Et le sexe imprudent, que tant d'éclat séduit,
Ce sexe à l'esclavage en leurs états réduit,
Frappé de ce respect que des vainqueurs impriment,
Se livre par faiblesse aux maîtres qui l'oppriment!
Il nous trahit pour eux, nous, son servile appui,
Qui vivons à ses pieds, et qui mourons pour lui!
Ma fierté suffirait, dans une telle injure,
Pour détester ma vie, et pour fuir la parjure.

SCENE III.

TANCREDE, ALDAMON, PLUSIEURS CHEVALIERS.

CATANL.

Nos chevaliers sont prêts; le temps est précieux.

TANCREDE.

Oui, j'en ai trop perdu : je m'arrache à ces lieux;
Je vous suis, c'en est fait.

SCENE IV.

TANCREDE, AMÉNAIDE, ALDAMON,
FANIE, CHEVALIERS.

AMÉNAÏDE, *arrivant avec précipitation.*

O mon dieu tutélaire!
Maître de mon destin, j'embrasse vos genoux.

ACTE IV, SCÈNE IV.

(*Tancrede la relève, mais en se détournant.*)
Ce n'est point m'abaisser; et mon malheureux père
A vos pieds, comme moi, va tomber devant vous.
Pourquoi nous dérober votre auguste présence?
Qui pourra condamner ma juste impatience?
Je m'arrache à ses bras... mais ne puis-je, seigneur,
Me permettre ma joie, et montrer tout mon cœur?
Je n'ose vous nommer... et vous baissez la vue...
Ne puis-je vous revoir, en cet affreux séjour,
Qu'au milieu des bourreaux qui m'arrachaient le jour?
Vous êtes consterné... mon ame est confondue;
Je crains de vous parler... quelle contrainte, hélas!
Vous détournez les yeux... vous ne m'écoutez pas.

TANCREDE, *d'une voix entrecoupée.*

Retournez... consolez ce vieillard que j'honore;
D'autres soins plus pressants me rappellent encore.
Envers vous, envers lui, j'ai rempli mon devoir,
J'en ai reçu le prix... je n'ai point d'autre espoir:
Trop de reconnaissance est un fardeau peut-être;
Mon cœur vous en dégage... et le vôtre est le maître
De pouvoir à son gré disposer de son sort.
Vivez heureuse... et moi, je vais chercher la mort.

SCÈNE V.

AMÉNAIDE, FANIE.

AMÉNAÏDE.

Veillé-je? et du tombeau suis-je en effet sortie?
Est-il vrai que le ciel m'ait rendue à la vie?
Ce jour, ce triste jour éclaire-t-il mes yeux?
Ce que je viens d'entendre, ô ma chère Fanie,
Est un arrêt de mort, plus dur, plus odieux,
Plus affreux que les lois qui m'avaient condamnée.

FANIE.

L'un et l'autre est horrible à mon ame étonnée.

AMÉNAÏDE.

Est-ce Tancrede, ô ciel! qui vient de me parler?
As-tu vu sa froideur altiere, avilissante,
Ce courroux dédaigneux dont il m'ose accabler?
Fanie, avec horreur il voyait son amante!
Il m'arrache à la mort, et c'est pour m'immoler!
Qu'ai-je donc fait, Tancrede? ai-je pu vous déplaire?

FANIE.

Il est vrai que son front respirait la colere,
Sa voix entrecoupée affectait des froideurs;
Il détournait les yeux, mais il cachait ses pleurs.

AMÉNAÏDE.

Il me rebute, il fuit, me renonce, et m'outrage!
Quel changement affreux a formé cet orage?
Que veut-il? quelle offense excite son courroux?
De qui dans l'univers peut-il être jaloux?
Oui, je lui dois la vie, et c'est toute ma gloire.
Seul objet de mes vœux, il est mon seul appui.
Je mourais, je le sais, sans lui, sans sa victoire;
Mais s'il sauva mes jours, je les perdais pour lui.

FANIE.

Il le peut ignorer; la voix publique entraîne;
Même en s'en défiant, on lui résiste à peine.
Cet esclave, sa mort, ce billet malheureux,
Le nom de Solamir, l'éclat de sa vaillance,
L'offre de son hymen, l'audace de ses feux,
Tout parlait contre vous, jusqu'à votre silence,
Ce silence si fier, si grand, si généreux,
Qui dérobait Tancrede à l'injuste vengeance
De vos communs tyrans armés contre vous deux.
Quels yeux pouvaient percer ce voile ténébreux?
Le préjugé l'emporte, et l'on croit l'apparence.

AMÉNAÏDE.

Lui, me croire coupable!

FANIE.

Ah! s'il peut s'abuser,
Excusez un amant.

ACTE IV, SCENE V.

AMÉNAÏDE, *reprenant sa fierté et ses forces.*
                Rien ne peut l'excuser...
Quand l'univers entier m'accuserait d'un crime :
Sur son jugement seul un grand homme appuyé
A l'univers séduit oppose son estime.
Il aura donc pour moi combattu par pitié !
Cet opprobre est affreux, et j'en suis accablée.
Hélas ! mourant pour lui, je mourais consolée ;
Et c'est lui qui m'outrage et m'ose soupçonner !
C'en est fait, je ne veux jamais lui pardonner ;
Ses bienfaits sont toujours présents à ma pensée,
Ils resteront gravés dans mon ame offensée ;
Mais, s'il a pu me croire indigne de sa foi,
C'est lui qui pour jamais est indigne de moi.
Ah ! de tous mes affronts c'est le plus grand peut être

FANIE.
Mais il ne connaît pas...

AMÉNAÏDE.
                Il devait me connaître ;
Il devait respecter un cœur tel que le mien ;
Il devait présumer qu'il était impossible
Que jamais je trahisse un si noble lien.
Ce cœur est aussi fier que son bras invincible ;
Ce cœur était en tout aussi grand que le sien,
Moins soupçonneux, sans doute, et sur-tout plus
    sensible.
Je renonce à Tancrede, au reste des mortels ;
Ils sont faux ou méchants, ils sont faibles, cruels,
Ou trompeurs, ou trompés ; et ma douleur profonde,
En oubliant Tancrede, oubliera tout le monde.

SCENE VI.

ARGIRE, AMÉNAÏDE, SUITE.

ARGIRE, *soutenu par ses écuyers.*
Mes amis, avancez, sans plaindre mes tourments

On va combattre ; allons, guidez mes pas tremblants.
Ne pourrai-je embrasser ce héros tutélaire ?
Ah ! ne puis-je savoir qui t'a sauvé le jour ?

AMÉNAÏDE, *plongée dans sa douleur, appuyée d'une main sur Fanie, et se tournant à moitié vers son pere.*

Un mortel autrefois digne de mon amour,
Un héros en ces lieux opprimé par mon pere,
Que je n'osais nommer, que vous avez proscrit,
Le seul et cher objet de ce fatal écrit,
Le dernier rejeton d'une famille auguste,
Le plus grand des humains, hélas ! le plus injuste ;
En un mot, c'est Tancrede.

ARGIRE.
     O ciel ! que m'as-tu dit ?

AMÉNAÏDE.
Ce que ne peut cacher la douleur qui m'égare,
Ce que je vous confie en craignant tout pour lui.

ARGIRE.
Lui, Tancrede !

AMÉNAÏDE.
    Et quel autre eût été mon appui ?

ARGIRE.
Tancrede qu'opprima notre sénat barbare ?

AMÉNAÏDE.
Oui, lui-même.

ARGIRE.
    Et pour nous il fait tout aujourd'hui !
Nous lui ravissions tout, biens, dignités, patrie ;
Et c'est lui qui pour nous vient prodiguer sa vie !
O juges malheureux, qui dans nos faibles mains
Tenons aveuglément le glaive et la balance,
Combien nos jugements sont injustes et vains,
Et combien nous égare une fausse prudence !
Que nous étions ingrats ! que nous étions tyrans !

AMÉNAÏDE.

Je puis me plaindre à vous, je le sais... mais, mon pere,
Votre vertu se fait des reproches si grands,
Que mon cœur désolé tremble de vous en faire ;
Je les dois à Tancrede.

ARGIRE.

A lui par qui je vis,
A qui je dois tes jours ?

AMÉNAÏDE.

Ils sont trop avilis,
Ils sont trop malheureux. C'est en vous que j'espere ;
Réparez tant d'horreurs et tant de cruauté ;
Ah ! rendez-moi l'honneur que vous m'avez ôté.
Le vainqueur d'Orbassan n'a sauvé que ma vie ;
Venez, que votre voix parle et me justifie.

ARGIRE.

Sans doute, je le dois.

AMÉNAÏDE.

Je vole sur vos pas.

ARGIRE.

Demeure.

AMÉNAÏDE.

Moi rester ! je vous suis aux combats.
J'ai vu la mort de près, et je l'ai vue horrible ;
Croyez qu'aux champs d'honneur elle est bien moins
  terrible
Qu'à l'indigne échafaud où vous me conduisiez.
Seigneur, il n'est plus temps que vous me refusiez :
J'ai quelques droits sur vous ; mon malheur me les
  donne.
Faudra-t-il que deux fois mon pere m'abandonne ?

ARGIRE.

Ma fille, je n'ai plus d'autorité sur toi ;
J'en avais abusé, je dois l'avoir perdue.
Mais quel est ce dessein qui me glace d'effroi ?
Crains les égarements de ton ame éperdue.

Ce n'est point en ces lieux, comme en d'autres cli
Où le sexe, élevé loin d'une triste gêne,
Marche avec les héros, et s'en distingue à peine,
Et nos mœurs et nos lois ne le permettent pas.

AMÉNAIDE.

Quelles lois ! quelles mœurs indignes et cruelles !
Sachez qu'en ce moment je suis au-dessus d'elles ;
Sachez que, dans ce jour d'injustice et d'horreur,
Je n'écoute plus rien que la loi de mon cœur.
Quoi ! ces affreuses lois, dont le poids vous opprime,
Auront pris dans vos bras votre sang pour victime !
Elles auront permis qu'aux yeux des citoyens
Votre fille ait paru dans d'infâmes liens,
Et ne permettront pas qu'aux champs de la victoire
J'accompagne mon pere et défende ma gloire !
Et le sexe en ces lieux, conduit aux échafauds,
Ne pourra se montrer qu'au milieu des bourreaux !
L'injustice à la fin produit l'indépendance.
Vous frémissez, mon pere ; ah ! vous deviez frémir
Quand, de vos ennemis caressant l'insolence,
Au superbe Orbassan vous pûtes vous unir
Contre le seul mortel qui prend votre défense,
Quand vous m'avez forcée à vous désobéir.

ARGIRE.

Va, c'est trop accabler un pere déplorable :
N'abuse point du droit de me trouver coupable ;
Je le suis, je le sens, je me suis condamné :
Ménage ma douleur ; et si ton cœur encore
D'un pere au desespoir ne s'est point détourné,
Laisse moi seul mourir par les fleches du Maure.
Je vais joindre Tancrede, et tu n'en peux douter.
Vous, observez ses pas.

SCENE VII.

AMÉNAIDE.

Qui pourra m'arrêter ?
Tancrede, qui me hais, et qui m'as outragée,
Qui m'oses mépriser après m'avoir vengée,
Oui, je veux à tes yeux combattre et t'imiter ;
Des traits sur toi lancés affronter la tempête,
En recevoir les coups... en garantir ta tête ;
Te rendre à tes côtés tout ce que je te doi ;
Punir ton injustice en expirant pour toi ;
Surpasser, s'il se peut, ta rigueur inhumaine ;
Mourante entre tes bras, t'accabler de ma haine,
De ma haine trop juste, et laisser, à ma mort,
Dans ton cœur qui m'aima le poignard du remord,
L'éternel repentir d'un crime irréparable,
Et l'amour que j'abjure, et l'horreur qui m'accable.

FIN DU QUATRIEME ACTE.

ACTE CINQUIEME.

SCENE I.

LES CHEVALIERS et leurs écuyers, *l'épée à la main;* DES SOLDATS, *portant des trophées;* LE PEUPLE, *dans le fond.*

LORÉDAN.
Allez et préparez les chants de la victoire,
Peuple, au dieu des combats prodiguez votre encens;
C'est lui qui nous fait vaincre, à lui seul est la gloire.
S'il ne conduit nos coups, nos bras sont impuissants.
Il a brisé les traits, il a rompu les pieges
Dont nous environnaient ces brigands sacrileges,
De cent peuples vaincus dominateurs cruels.
Sur leurs corps tout sanglants érigez vos trophées;
Et foulant à vos pieds leurs fureurs étouffées,
Des trésors du Croissant ornez nos saints autels.
Que l'Espagne opprimée, et l'Italie en cendre,
L'Egypte terrassée, et la Syrie aux fers,
Apprennent aujourd'hui comme on peut se défendre
Contre ces fiers tyrans, l'effroi de l'univers.
C'est à nous maintenant de consoler Argire;
Que le bonheur public appaise ses douleurs;
Puissions nous voir en lui, malgré tous ses malheurs,
L'homme d'état heureux quand le pere soupire!

Mais pourquoi ce guerrier, ce héros inconnu,
A qui l'on doit, dit on, le succès de nos armes,
Avec nos chevaliers n'est-il point revenu?

Ce triomphe à ses yeux a t-il si peu de charmes?
Croit-il de ses exploits que nous soyons jaloux?
Nous sommes assez grands pour être sans envie.
Veut il fuir Syracuse après l'avoir servie?
          (*à Catane.*)
Seigneur, il a long temps combattu près de vous;
D'où vient qu'ayant voulu courir notre fortune
Il ne partage point l'alégresse commune?

CATANE.

Apprenez-en la cause, et daignez m'écouter.
Quand du chemin d'Etna vous fermiez le passage,
Placé loin de vos yeux, j'étais vers le rivage
Où nos fiers ennemis osaient nous résister;
Je l'ai vu courir seul et se précipiter.
Nous étions étonnés qu'il n'eût point ce courage
Inaltérable et calme au milieu du carnage,
Cette vertu d'un chef, et ce don d'un grand cœur:
Un désespoir affreux égarait sa valeur;
Sa voix entrecoupée et son regard farouche
Annonçaient la douleur qui troublait ses esprits.
Il appelait souvent Solamir à grands cris;
Le nom d'Aménaide échappait de sa bouche;
Il la nommait parjure, et, malgré ses fureurs,
De ses yeux enflammés j'ai vu tomber des pleurs.
Il cherchait à mourir; et, toujours invincible,
Plus il s'abandonnait, plus il était terrible.
Tout cédait à nos coups, et sur-tout à son bras;
Nous revenions vers vous conduit par la victoire;
Mais lui, les yeux baissés, insensible à sa gloire,
Morne, triste, abattu, regrettant le trépas,
Il appelle en pleurant Aldamon qui s'avance:
Il l'embrasse, il lui parle, et loin de nous s'élance
Aussi rapidement qu'il avait combattu.
C'est pour jamais, dit-il. Ces mots nous laissent croire
Que ce grand chevalier, si digne de mémoire,
Veut être à Syracuse à jamais inconnu.

Nul ne peut soupçonner le dessein qui le guide.
Mais dans le même instant je vois Aménaide,
Je la vois éperdue au milieu des soldats,
La mort dans les regards, pâle, défigurée ;
Elle appelle Tancrede, elle vole égarée :
Son pere en gémissant suit à peine ses pas ;
Il ramene avec nous Aménaide en larmes ;
C'est Tancrede, dit il, ce héros dont les armes
Ont étonné nos yeux par de si grands exploits,
Ce vengeur de l'état, vengeur d'Aménaide,
C'est lui que ce matin, d'une commune voix,
Nous déclarions rebelle, et nous nommions perfide ;
C'est ce même Tancrede exilé par nos lois.
Amis, que faut-il faire, et quel parti nous reste ?

LORÉDAN.

Il n'en est qu'un pour nous, celui du repentir.
Persister dans sa faute est horrible et funeste :
Un grand homme opprimé doit nous faire rougir.
On condamna souvent la vertu, le mérite ;
Mais, quand ils sont connus, il les faut honorer.

SCENE II.

LES CHEVALIERS, ARGIRE ; AMÉNAIDE, *dans l'enfoncement, soutenue par ses femmes.*

ARGIRE, *arrivant avec précipitation.*
Il les faut secourir, il les faut délivrer.
Tancrede est en péril ; trop de zele l'excite :
Tancrede s'est lancé parmi les ennemis,
Contre lui ramenés, contre lui seul unis.
Hélas ! j'accuse en vain mon âge qui me glace.
O vous, de qui la force est égale à l'audace,
Vous qui du faix des ans n'êtes point affaiblis,
Courez tous, dissipez ma crainte impatiente,
Courez, rendez Tancrede à ma fille innocente.

ACTE V, SCENE II.

LORÉDAN.

C'est nous en dire trop : le temps est cher, vol'
Secourons sa valeur qui devient imprudente,
Et cet emportement que nous désapprouvons.

SCENE III.

ARGIRE, AMÉNAIDE.

ARGIRE.

O ciel ! tu prends pitié d'un père qui t'adore ;
Tu m'as rendu ma fille, et tu me rends encore
L'heureux libérateur qui nous a tous vengés.
(*Aménaide entre.*)
Ma fille, un juste espoir dans nos cœurs doit rer.
J'ai causé tes malheurs, je les ai partagés ;
Je les termine enfin : Tancrede va paraître.
Ne puis-je consoler tes esprits affligés ?

AMÉNAIDE.

Je me consolerai, quand je verrai Tancrede,
Quand ce fatal objet de l'horreur qui m'obsede
Aura plus de justice, et sera sans danger,
Quand j'apprendrai de vous qu'il vit sans m'ont
Et lorsque ses remords expieront mes injures.

ARGIRE.

Je ressens ton état : sans doute, il doit t'aigrir.
On n'essuya jamais des épreuves plus dures.
Je sais ce qu'il en coûte, et qu'il est des blessu
Dont un cœur généreux peut rarement guérir
La cicatrice en reste, il est vrai ; mais, ma fille
Nous avons vu Tancrede en ces lieux abhorr. ;
Apprends qu'il est chéri, glorieux, honoré :
Sur toi-même il répand tout l'éclat dont il brill
Après ce qu'il a fait, il veut nous faire voir,
Par l'excès de sa gloire, et de tant de services,
L'excès où ses rivaux portaient leurs injustices.
Le vulgaire est content, s'il remplit son devoir :

Il faut plus au héros, il faut que sa vaillance
Aille au-delà du terme et de notre espérance :
C'est ce que fait Tancrede ; il passe notre espoir.
Il te verra constante, il te sera fidele.
Le peuple en ta faveur s'éleve et s'attendrit :
Tancrede va sortir de son erreur cruelle ;
Pour éclairer ses yeux, pour calmer son esprit,
Il ne faudra qu'un mot.

AMÉNAÏDE.

Et ce mot n'est pas dit.
Que m'importe à présent ce peuple et son outrage,
Et sa faveur crédule, et sa pitié volage,
Et la publique voix que je n'entendrai pas ?
D'un seul mortel, d'un seul dépend ma renommée.
Sachez que votre fille aime mieux le trépas
Que de vivre un moment sans en être estimée.
Sachez (il faut enfin m'en vanter devant vous)
Que dans mon bienfaiteur j'adorais mon époux.
Ma mere au lit de mort a reçu nos promesses ;
Sa derniere priere a béni nos tendresses :
Elle joignit nos mains, qui fermerent ses yeux.
Nous jurâmes par elle, à la face des cieux,
Par ses mânes, par vous, vous, trop malheureux pere,
De nous aimer en vous, d'être unis pour vous plaire,
De former nos liens dans vos bras paternels.
Seigneur... les échafauds ont été nos autels.
Mon amant, mon époux cherche un trépas funeste,
Et l'horreur de ma honte est tout ce qui me reste.
Voilà mon sort.

ARGIRE.

Eh bien ! ce sort est réparé ;
Et nous obtiendrons plus que tu n'as espéré.

AMÉNAIDE.

Je crains tout.

SCENE IV.

ARGIRE, AMÉNAIDE, FANIE.

FANIE.
Partagez l'alégresse publique,
Jouissez plus que nous de ce prodige unique.
Tancrede a combattu; Tancrede a dissipé
Le reste d'une armée au carnage échappé.
Solamir est tombé sous cette main terrible,
Victime dévouée à notre état vengé,
Au bonheur d'un pays qui devient invincible,
Sur-tout à votre nom qu'on avait outragé.
La prompte renommée en répand la nouvelle;
Ce peuple, ivre de joie, et volant après lui,
Le nomme son héros, sa gloire, son appui,
Parle même du trône où sa vertu l'appelle.
Un seul de nos guerriers, seigneur, l'avait suivi;
C'est ce même Aldamon qui sous vous a servi.
Lui seul a partagé ses exploits incroyables;
Et quand nos chevaliers, dans un danger si grand,
Lui sont venus offrir leurs armes secourables,
Tancrede avait tout fait, il était triomphant.
Entendez vous ces cris qui vantent sa vaillance?
On l'éleve au dessus des héros de la France,
Des Rolands, des Lisois, dont il est descendu.
Venez de mille mains couronner sa vertu,
Venez voir ce triomphe, et recevoir l'hommage
Que vous avez de lui trop long-temps attendu.
Tout vous rit, tout vous sert, tout venge votre outrage;
Et Tancrede à vos vœux est pour jamais rendu.

AMÉNAIDE.
Ah! je respire enfin; mon cœur connaît la joie.
Ah! mon pere, adorons le ciel qui me renvoie,
Par ces coups inouis, tout ce que j'ai perdu.
De combien de tourments sa bonté nous délivre!

Ce n'est qu'en ce moment que je commence à vivre.
Mon bonheur est au comble ; helas ! il m'est bien dû.
Je veux tout oublier ; pardonnez-moi mes plaintes,
Mes reproches amers, et mes frivoles craintes.
Oppresseurs de Tancrede, ennemis, citoyens,
Soyez tous à ses pieds, il va tomber aux miens.

ARGIRE.

Oui, le ciel pour jamais daigne essuyer nos larmes.
Je me trompe, ou je vois le fidele Aldamon,
Qui suivait seul Tancrede, et secondait ses armes :
C'est lui, c'est ce guerrier si cher à ma maison.
De nos prospérités la nouvelle est certaine :
Mais d'où vient que vers nous il se traîne avec peine ?
Est-il blessé ? ses yeux annoncent la douleur.

SCENE V.

ARGIRE, AMÉNAIDE, ALDAMON, FANIE.

AMÉNAÏDE.

Parlez, cher Aldamon, Tancrede est donc vainqueur ?

ALDAMON.

Sans doute il l'est, madame.

AMÉNAÏDE.

A ces chants d'alégresse,
A ces voix que j'entends, il s'avance en ces lieux ?

ALDAMON.

Ces chants vont se changer en des cris de tristesse.

AMÉNAIDE.

Qu'entends-je ? Ah, malheureuse !

ALDAMON.

Un jour si glorieux
Est le dernier des jours de ce héros fidele.

AMÉNAIDE.

Il est mort !

ALDAMON.

La lumiere éclaire encor ses yeux ;

ACTE V, SCENE V.

Mais il est expirant d'une atteinte mortelle.
Je vous apporte ici de funestes adieux.
Cette lettre fatale, et de son sang tracée,
Doit vous apprendre, hélas! sa derniere pensée.
Je m'acquitte en tremblant de cet affreux devoir.

ARGIRE.

O jour de l'infortune! ô jour du désespoir!

AMÉNAIDE, *revenant à elle*.

Donnez-moi mon arrêt, il me défend de vivre;
Il m'est cher... O Tancrede! ô maître de mon sort!
Ton ordre, quel qu'il soit, est l'ordre de te suivre;
J'obéirai... Donnez votre lettre et la mort.

ALDAMON.

Lisez donc; pardonnez ce triste ministere.

AMÉNAIDE.

O mes yeux! lirez-vous ce sanglant caractere?
Le pourrai-je? Il le faut... c'est mon dernier effort
(*elle lit.*)
« Je ne pouvais survivre à votre perfidie;
« Je meurs dans les combats, mais je meurs par vos
   coups.
« J'aurais voulu, cruelle, en m'exposant pour vous,
« Vous avoir conservé la gloire avec la vie... »
Eh bien, mon pere!
(*elle se rejette dans les bras de Fanie.*)

ARGIRE.
                Enfin, les destins désormais
Ont assouvi leur haine, ont épuisé leurs traits:
Nous voilà maintenant sans espoir et sans crainte.
Ton état et le mien ne permet plus la plainte.
Ma chere Aménaide! avant que de quitter
Ce jour, ce monde affreux que je dois détester,
Que j'apprenne du moins à ma triste patrie
Les honneurs qu'on devait à ta vertu trahie;
Que, dans l'horrible excès de ma confusion,
J'apprenne à l'univers à respecter ton nom.

AMÉNAÏDE.

Eh! que fait l'univers à ma douleur profonde?
Que me fait ma patrie, et le reste du monde?
Tancrede meurt.

ARGIRE.

Je cede aux coups qui m'ont frappé.

AMÉNAÏDE.

Tancrede meurt, ô ciel! sans être détrompé!
Vous en êtes la cause... Ah! devant qu'il expire...
Que vois je? mes tyrans!

SCENE VI.

LORÉDAN, chevaliers, suite, AMÉNAÏDE, ARGIRE, FANIE, ALDAMON; TANCREDE *dans le fond, porté par des soldats.*

LORÉDAN.

     O malheureux Argire!
O fille infortunée! on conduit devant vous
Ce brave chevalier percé de nobles coups.
Il a trop écouté son aveugle furie;
Il a voulu mourir, mais il meurt en héros.
De ce sang précieux, versé pour la patrie,
Nos secours empressés ont suspendu les flots.
Cette ame, qu'enflammait un courage intrépide,
Semble encor s'arrêter pour voir Aménaïde;
Il la nomme; les pleurs coulent de tous les yeux;
Et d'un juste remords je ne puis me defendre.

Pendant qu'il parle on approche lentement Tancrede vers Aménaïde, presque évanouie entre les bras de ses femmes, elle se débarrasse précipitamment des femmes qui la soutiennent, et se retournant avec horreur vers Lorédan, dit:

AMÉNAÏDE.

Barbares, laissez là vos remords odieux.

ACTE V, SCENE VI.

(puis courant à Tancrede, et se jetant à ses pieds.)
Tancrede, cher amant, trop cruel et trop tendre,
Dans nos derniers instants, hélas! peux tu m'entendre?
Tes yeux appesantis peuvent-ils me revoir?
Hélas! reconnais-moi, connais mon désespoir.
Dans le même tombeau souffre au moins ton épouse :
C'est là le seul honneur dont mon âme est jalouse.
Ce nom sacré m'est dû ; tu me l'avais promis :
Ne sois point plus cruel que tous nos ennemis ;
Honore d'un regard ton épouse fidele...

(il la regarde.)

C'est donc là le dernier que tu jettes sur elle!...
De ton cœur généreux son cœur est-il haï?
Peux-tu me soupçonner?

TANCREDE, *se soulevant un peu.*

Ah! vous m'avez trahi!

AMÉNAIDE.

Qui! moi? Tancrede!

ARGIRE, *se jetant aussi à genoux de l'autre côté, et embrassant Tancrede, puis se relevant.*

Hélas! ma fille infortunée,
Pour t'avoir trop aimé, fut par nous condamnée,
Et nous la punissions de te garder sa foi.
Nous fûmes tous cruels envers elle, envers toi.
Nos lois, nos chevaliers, un tribunal auguste,
Nous avons failli tous ; elle seule était juste.
Son écrit malheureux qui nous avait armés,
Cet écrit fut pour toi, pour le héros qu'elle aime.
Cruellement trompé, je t'ai trompé moi-même.

TANCREDE.

Aménaide... ô ciel! est il vrai? vous m'aimez!

AMÉNAIDE.

Va, j'aurais en effet mérité mon supplice,
Ce supplice honteux dont tu m'as su tirer,
Si j'avais un moment cessé de t'adorer.
Si mon cœur eût commis cette horrible injustice.

TANCREDE, *en reprenant un peu de force,
et élevant la voix.*

Vous m'aimez! ô bonheur plus grand que mes revers!
Je sens trop qu'à ce mot je regrette la vie.
J'ai mérité la mort, j'ai cru la calomnie.
Ma vie était horrible, hélas! et je la perds
Quand un mot de ta bouche allait la rendre heureuse!

AMÉNAIDE.

Ce n'est donc, juste Dieu! que dans cette heure affreuse,
Ce n'est qu'en le perdant que j'ai pu lui parler!
Ah, Tancrede!

TANCREDE.

Vos pleurs devraient me consoler;
Mais il faut vous quitter; ma mort est douloureuse!
Je sens qu'elle s'approche. Argire, écoutez-moi:
Voilà le digne objet qui me donna sa foi;
Voilà de nos soupçons la victime innocente;
A sa tremblante main joignez ma main sanglante;
Que j'emporte au tombeau le nom de son époux.
Soyez mon pere.

ARGIRE, *prenant leurs mains.*

Hélas! mon cher fils, puissiez-vous
Vivre encore adoré d'une épouse chérie!

TANCREDE.

J'ai vécu pour venger ma femme et ma patrie;
J'expire entre leurs bras, digne de toutes deux.
De toutes deux aimé... j'ai rempli tous mes vœux...
Ma chere Aménaïde!...

AMÉNAIDE.

Eh bien!

TANCREDE.

Gardez de suivre
Ce malheureux amant... et jurez-moi de vivre...

(*il retombe.*)

ACTE V, SCENE VI.

CATANE.

Il expire... et nos cœurs, de regrets pénétrés...
Qui l'ont connu trop tard...

AMÉNAÏDE, *se jetant sur le corps de Tancrede.*

      Il meurt, et vous pleurez...
Vous, cruels, vous, tyrans, qui lui coûtez la vie !
  (*elle se releve et marche.*)
Que l'enfer engloutisse, et vous, et ma patrie,
Et ce sénat barbare, et ces horribles droits
D'égorger l'innocence avec le fer des lois !
Que ne puis-je expirer dans Syracuse en poudre,
Sur vos corps tout sanglants écrasés par la foudre !
 (*elle se rejette sur le corps de Tancrede.*)
Tancrede ! cher Tancrede !
 (*elle se releve en fureur.*)
      Il meurt, et vous vivez ?
Vous vivez, je le suis... je l'entends, il m'appelle...
Il se rejoint à moi dans la nuit éternelle.
Je vous laisse aux tourments qui vous sont réservés.
 (*elle tombe dans les bras de Fanie.*)

ARGIRE.

Ah, ma fille !

AMÉNAÏDE, *égarée, et le repoussant.*

    Arrêtez... vous n'êtes point mon pere ;
Votre cœur n'en eut point le sacré caractere :
Vous fûtes leur complice... Ah ! pardonnez, hélas !
Je meurs en vous aimant... j'expire entre tes bras,
Cher Tancrede...
   (*elle tombe à côté de lui.*)

ARGIRE.

    O ma fille ! ô ma chere Fanie !
Qu'avant ma mort, hélas ! on la rende à la vie.

FIN DE TANCREDE.

ns
LE DROIT DU SEIGNEUR,

COMÉDIE,

Représentée à Paris, en 1762, en cinq actes, sous le nom de L'Ecueil du sage, qui n'était pas son véritable titre; remise au théâtre, le 12 juin 1779, en trois actes, après la mort de l'auteur.

ACTEURS.

LE MARQUIS DU CARRAGE.
LE CHEVALIER DE GERNANCE.
MÉTAPROSE, bailli.
MATHURIN, fermier.
DIGNANT, ancien domestique.
ACANTE, élevée chez Dignant.
BERTHE, seconde femme de Dignant.
COLETTE.
CHAMPAGNE.
DOMESTIQUES.

La scene est en Picardie, et l'action, du temps de Henri II.

LE DROIT DU SEIGNEUR,
COMÉDIE.

ACTE PREMIER.

SCENE I.

MATHURIN, LE BAILLI.

MATHURIN.

Ecoutez-moi, monsieur le magister :
Vous savez tout, du moins vous avez l'air
De tout savoir ; car vous lisez sans cesse
Dans l'almanach. D'où vient que ma maîtresse
S'appelle Acante, et n'a point d'autre nom ?
D'où vient cela ?

LE BAILLI.

Plaisante question !
Eh ! que t'importe ?

MATHURIN.

Oh ! cela me tourmente :
J'ai mes raisons.

LE BAILLI.

Elle s'appelle Acante :
C'est un beau nom ; il vient du grec *Antos*,
Que les latins ont depuis nommé *Flos*.
Flos se traduit par *Fleur* ; et ta future

Est une fleur que la belle nature,
Pour la cueillir, façonna de sa main :
Elle fera l'honneur de ton jardin.
Qu'importe un nom ? chaque pere à sa guise
Donne des noms aux enfants qu'on baptise.
Acante a pris son nom de son parrain,
Comme le tien te nomma Mathurin.

MATHURIN.

Acante vient du grec ?

LE BAILLI.

Chose certaine.

MATHURIN.

Et Mathurin, d'où vient-il ?

LE BAILLI.

Ah ! qu'il vienne
De Picardie ou d'Artois, un savant
A ces noms-là s'arrête rarement.
Tu n'as point de nom, toi ; ce n'est qu'aux belles
D'en avoir un, car il faut parler d'elles.

MATHURIN.

Je ne sais, mais ce nom grec me déplaît.
Maître, je veux qu'on soit ce que l'on est :
Ma maîtresse est villageoise, et je gage
Que ce nom-là n'est pas de mon village.
Acante, soit. Son vieux pere Dignant
Semble accorder sa fille en rechignant ;
Et cette fille, avant d'être ma femme,
Parait aussi rechigner dans son ame.
Oui, cette Acante, en un mot, cette fleur,
Si je l'en crois, me fait beaucoup d'honneur
De supporter que Mathurin la cueille.
Elle est hautaine et dans soi se recueille,
Me parle peu, fait de moi peu de cas ;
Et, quand je parle, elle n'écoute pas :
Et n'eût été Berthe sa belle-mere,
Qui haut la main régente son vieux pere,

ACTE I, SCENE I.

Ce mariage en mon chef résolu
N'aurait été, je crois, jamais conclu.
LE BAILLI.
Il l'est enfin, et de maniere exacte :
Chez ses parents je t'en dresserai l'acte ;
Car si je suis le magister d'ici,
Je suis bailli, je suis notaire aussi ;
Et je suis prêt dans mes trois caracteres
A te servir dans toutes tes affaires.
Que veux-tu ? dis.
MATHURIN.
Je veux qu'incessamment
On me marie.
LE BAILLI.
Ah ! vous êtes pressant.
MATHURIN.
Et très pressé... Voyez vous ? l'âge avance.
J'ai dans ma ferme acquis beaucoup d'aisance ;
J'ai travaillé vingt ans pour vivre heureux ;
Mais l'être seul !.. il vaut mieux l'être deux.
Il faut se marier avant qu'on meure.
LE BAILLI.
C'est très bien dit : et quand donc ?
MATHURIN.
Tout à l'heure.
LE BAILLI.
Oui ; mais Colette à votre sacrement,
Mous Mathurin, peut mettre empêchement :
Elle vous aime avec quelque tendresse,
Vous et vos biens ; elle eut de vous promesse
De l'épouser.
MATHURIN.
Oh bien ! je dépromets.
Je veux pour moi m'arranger désormais ;
Car je suis riche et coq de mon village.
Colette veut m'avoir par mariage,

Et moi je veux du conjugal lien
Pour mon plaisir, et non pas pour le sien.
Je n'aime plus Colette; c'est Acante,
Entendez-vous ? qui seule ici me tente.
Entendez-vous, magister trop rétif?

LE BAILLI.

Oui, j'entends bien : vous êtes trop hâtif;
Et pour signer vous devriez attendre
Que monseigneur daignât ici se rendre :
Il vient demain; ne faites rien sans lui.

MATHURIN.

C'est pour cela que j'épouse aujourd'hui.

LE BAILLI.

Comment?

MATHURIN.

    Eh oui : ma tête est peu savante;
Mais on connaît la coutume impudente
De nos seigneurs de ce canton picard.
C'est bien assez qu'à nos biens on ait part,
Sans en avoir encore à nos épouses.
Des Mathurins les têtes sont jalouses :
J'aimerais mieux demeurer vieux garçon
Que d'être époux avec cette façon.
Le vilain droit !

LE BAILLI.

    Mais il est fort honnête :
Il est permis de parler tête à tête
A sa sujette, afin de la tourner
A son devoir, et de l'endoctriner.

MATHURIN.

Je n'aime point qu'un jeune homme endoctrine
Cette disciple à qui je me destine;
Cela me fâche.

LE BAILLI.

    Acante a trop d'honneur
Pour te fâcher : c'est le droit du seigneur;

Et c'est à nous, en personnes discretes,
A nous soumettre aux lois qu'on nous a faites.
MATHURIN.
D'où vient ce droit?
LE BAILLI.
                Ah! depuis bien long-temps
C'est établi... ça vient du droit des gens.
MATHURIN.
Mais sur ce pied, dans toutes les familles,
Chacun pourrait endoctriner les filles.
LE BAILLI.
Oh! point du tout... c'est une invention
Qu'on inventa pour les gens d'un grand nom.
Car, vois tu bien, autrefois les ancêtres
De monseigneur s'étaient rendus les maîtres
De nos aïeux, régnaient sur nos hameaux.
MATHURIN.
Ouais! nos aïeux étaient donc de grands sots!
LE BAILLI.
Pas plus que toi. Les seigneurs du village
Devaient avoir un droit de vasselage.
MATHURIN.
Pourquoi cela? sommes-nous pas pétris
D'un seul limon, de lait comme eux nourris?
N'avons-nous pas comme eux des bras, des jambes,
Et mieux tournés, et plus forts, plus ingambes;
Une cervelle avec quoi nous pensons
Beaucoup mieux qu'eux, car nous les attrapons?
Sommes nous pas cent contre un? ça m'étonne
De voir toujours qu'une seule personne
Commande en maître à tous ses compagnons,
Comme un berger fait tondre ses moutons.
Quand je suis seul, à tout cela je pense
Profondément. Je vois notre naissance
Et notre mort, à la ville, au hameau,
Se ressembler comme deux gouttes d'eau.

Pourquoi la vie est-elle différente ?
Je n'en vois pas la raison : ça tourmente.
Les Mathurins et les godelureaux,
Et les baillis, ma foi, sont tous égaux.

LE BAILLI.

C'est très bien dit, Mathurin : mais, je gage,
Si tes valets te tenaient ce langage,
Qu'un nerf de bœuf appliqué sur le dos
Réfuterait puissamment leurs propos ;
Tu les ferais rentrer vite à leur place.

MATHURIN.

Oui, vous avez raison : ça m'embarrasse ;
Oui, ça pourrait me donner du souci.
Mais, palsembleu, vous m'avouerez aussi
Que quand chez moi mon valet se marie,
C'est pour lui seul, non pour ma seigneurie ;
Qu'à sa moitié je ne prétends en rien ;
Et que chacun doit jouir de son bien.

LE BAILLI.

Si les petits à leurs femmes se tiennent,
Compere, aux grands les nôtres appartiennent.
Que ton esprit est bas, lourd, et brutal !
Tu n'as pas lu le code *féodal*.

MATHURIN.

Féodal ! qu'est-ce ?

LE BAILLI.

   Il tient son origine
Du mot *fides* de la langue latine :
C'est comme qui dirait...

MATHURIN.

     Sais-tu qu'avec
Ton vieux latin et ton ennuyeux grec,
Si tu me dis des sottises pareilles,
Je pourrais bien frotter tes deux oreilles.
(il menace le bailli, qui parle toujours en reculant ; et Mathurin court après lui.)

ACTE I, SCENE I.

LE BAILLI.

Je suis bailli, ne t'en avise pas.
Fides veut dire *foi*. Conviens-tu pas
Que tu dois foi, que tu dois plein hommage
A monseigneur le marquis du Carrage ?
Que tu lui dois dixmes, champart, argent ?
Que tu lui dois...

MATHURIN.

   Baillif outrecuidant,
Oui, je dois tout ; j'en enrage dans l'ame :
Mais, palsandié, je ne dois point ma femme,
Maudit bailli !

LE BAILLI, *en s'en allant.*

   Va, nous savons la loi :
Nous aurons bien ta femme ici sans toi.

SCENE II.

MATHURIN.

Chien de bailli ! que ton latin m'irrite !
Ah ! sans latin marions-nous bien vîte ;
Parlons au pere, à la fille sur-tout ;
Car ce que je veux, moi, j'en viens à bout.
Voilà comme je suis... J'ai dans ma tête
Prétendu faire une fortune honnête,
La voilà faite : une fille d'ici
Me tracassait, me donnait du souci,
C'était Colette, et j'ai vu la fripponne
Pour mes écus mugueter ma personne ;
J'ai voulu rompre, et je romps : j'ai l'espoir
D'avoir Acante, et je m'en vais l'avoir,
Car je m'en vais lui parler. Sa maniere
Est dédaigneuse, et son allure est fiere :
Moi, je le suis ; et, dès que je l'aurai,
Tout aussitôt je vous la réduirai ;
Car je le veux. Allons...

SCENE III.

MATHURIN, COLETTE, *courant après.*

COLETTE.
Je t'y prends, traître !
MATHURIN, *sans la regarder.*
Allons.

COLETTE.
Tu feins de ne me pas connaître ?
MATHURIN.
Si fait... bon jour.

COLETTE.
Mathurin, Mathurin !
Tu causeras ici plus d'un chagrin.
De tes bon-jours je suis fort etonnée,
Et tes bon-jours valaient mieux l'autre année :
C'était tantôt un bouquet de jasmin,
Que tu venais me placer de ta main ;
Puis des rubans pour orner ta bergere ;
Tantôt des vers, que tu me faisais faire
Par le bailli, qui n'y comprenait rien,
Ni toi ni moi ; mais tout allait fort bien :
Tout est passé, lâche ! tu me délaisses ?

MATHURIN.
Oui, mon enfant.

COLETTE.
Après tant de promesses,
Tant de bouquets acceptes et rendus,
C'en est donc fait ? je ne te plais donc plus ?

MATHURIN.
Non, mon enfant.

COLETTE.
Et pourquoi, misérable ?

MATHURIN.
Mais je t'aimais ; je n'aime plus. Le diable

À t'épouser me poussa vivement ;
En sens contraire il me pousse à présent :
Il est le maître.
COLETTE.
Eh! va, va, ta Colette
N'est plus si sotte, et sa raison s'est faite.
Le diable est juste, et tu diras pourquoi
Tu prends les airs de te moquer de moi.
Pour avoir fait à Paris un voyage,
Te voilà donc petit maître au village?
Tu penses donc que le droit t'est acquis
D'être en amour frippon comme un marquis?
C'est bien à toi d'avoir l'ame inconstante!
Toi, Mathurin, me quitter pour Acante!
MATHURIN.
Oui, mon enfant.
COLETTE.
Et quelle est la raison?
MATHURIN.
C'est que je suis le maître en ma maison ;
Et pour quelqu'un de notre Picardie
Tu m'as parue un peu trop dégourdie :
Tu m'aurais fait trop d'amis, entre nous ;
Je n'en veux point, car je suis né jaloux.
Acante, enfin, aura la préférence :
La chose est faite : adieu ; prends patience.
COLETTE.
Adieu! non pas, traître! je te suivrai,
Et contre ton contrat je m'inscrirai.
Mon pere était procureur ; ma famille
A du crédit, et j'en ai : je suis fille ;
Et monseigneur donne protection,
Quand il le faut, aux filles du canton ;
Et devant lui nous ferons comparaître
Un gros fermier qui fait le petit-maître.
Fait l'inconstant, se mêle d'être un fat.

16.

Je te ferai rentrer dans ton état:
Nous apprendrons à ta mine insolente
A te moquer d'une pauvre innocente.

MATHURIN.

Cette innocente est dangereuse: il faut
Voir le beau-pere, et conclure au plutôt.

SCENE IV.

MATHURIN, DIGNANT, ACANTE, COLETTE.

MATHURIN.

Allons, beau-pere, allons bacler la chose.

COLETTE.

Vous ne baclerez rien, non; je m'oppose
A ses contrats, à ses noces, à tout.

MATHURIN.

Quelle innocente !

COLETTE.

Oh! tu n'es pas au bout.

(à Acante.)

Gardez-vous bien, s'il vous plaît, ma voisine,
De vous laisser enjôler sur sa mine:
Il me trompa quatorze mois entiers.
Chassez cet homme.

ACANTE.

Hélas! très volontiers.

MATHURIN.

Très volontiers!.. Tout ce train-là me lasse :
Je suis têtu; je veux que tout se passe
A mon plaisir, suivant mes volontés,
Car je suis riche... Or, beau-pere, écoutez:
Pour honorer en moi mon mariage,
Je me décrasse, et j'achete au bailliage
L'emploi brillant de receveur royal
Dans le grenier à sel: ça n'est pas mal.
Mon fils sera conseiller, et ma fille

ACTE I, SCENE IV.

Relevera quelque noble famille;
Mes petits-fils deviendront présidents :
De monseigneur un jour les descendants
Feront leur cour aux miens; et, quand j'y pense,
Je me rengorge, et me carre d'avance.

DIGNANT.

Carre toi bien; mais songe qu'à présent
On ne peut rien sans le consentement
De monseigneur : il est encor ton maître.

MATHURIN.

Et pourquoi ça?

DIGNANT.

Mais c'est que ça doit être.
A tous seigneurs tous honneurs.

COLETTE, *à Mathurin.*

Oui, vilain.
Il t'en cuira, je t'en réponds.

MATHURIN.

Voisin,
Notre bailli t'a donné sa folie.
Eh! dis-moi donc, s'il prend en fantaisie
A monseigneur d'avoir femme au logis,
A-t-il besoin de prendre ton avis?

DIGNANT.

C'est différent; je fus son domestique
De pere en fils dans cette terre antique.
Je suis né pauvre, et je deviens cassé.
Le peu d'argent que j'avais amassé
Fut employé pour élever Acante.
Notre bailli dit qu'elle est fort savante,
Et qu'entre nous, son éducation
Est au-dessus de sa condition.
C'est ce qui fait que ma seconde épouse,
Sa belle mere, est fâchée et jalouse,
Et la maltraite, et me maltraite aussi :
De tout cela je suis fort en souci.

Je voudrais bien te donner cette fille ;
Mais je ne puis établir ma famille
Sans monseigneur ; je vis de ses bontés,
Je lui dois tout ; j'attends ses volontés :
Sans son aveu nous ne pouvons rien faire.

ACANTE.
Ah ! croyez-vous qu'il le donne, mon pere ?

COLETTE.
Eh bien ! frippon, tu crois que tu l'auras ?
Moi, je te dis que tu ne l'auras pas.

MATHURIN.
Tout le monde est contre moi, ça m'irrite.

SCENE V.

LES ACTEURS PRÉCÉDENTS, BERTHE.

MATHURIN, *à Berthe qui arrive.*
Ma belle-mere, arrivez, venez vite.
Vous n'êtes plus la maîtresse au logis,
Chacun rebeque ; et je vous avertis
Que si la chose en cet état demeure,
Si je ne suis marié tout à l'heure,
Je ne le serai point, tout est fini,
Tout est rompu.

BERTHE.
Qui m'a désobéi ?
Qui contredit, s'il vous plaît, quand j'ordonne ?
Serait ce vous, mon mari ? vous ?

DIGNANT.
Personne,
Nous n'avons garde ; et Mathurin veut bien
Prendre ma fille à-peu-près avec rien :
J'en suis content, et je dois me promettre
Que monseigneur daignera le permettre.

BERTHE.
Allez, allez, épargnez-vous ce soin ;

C'est de moi seule ici qu'on a besoin ;
Et quand la chose une fois sera faite,
Il faudra bien, ma foi, qu'il la permette.
DIGNANT.
Mais...
BERTHE.
Mais il faut suivre ce que je dis.
Je ne veux plus souffrir dans mon logis
A mes dépens une fille indolente,
Qui ne fait rien, de rien ne se tourmente,
Qui s'imagine avoir de la beauté
Pour être en droit d'avoir de la fierté.
Mademoiselle, avec sa froide mine,
Ne daigne pas aider à la cuisine ;
Elle se mire, ajuste son chignon,
Fredonne un air en brodant un jupon,
Ne parle point, et le soir en cachette
Lit des romans que le bailli lui prête.
Eh bien ! voyez, elle ne répond rien.
Je me repens de lui faire du bien.
Elle est muette ainsi qu'une pécore.
MATHURIN.
Ah, c'est tout jeune, et ça n'a pas encore
L'esprit formé : ça vient avec le temps.
DIGNANT.
Ma bonne, il faut quelques ménagements
Pour une fille ; elles ont d'ordinaire
De l'embarras dans cette grande affaire :
C'est modestie et pudeur que cela.
Comme elle, enfin, vous passâtes par là ;
Je m'en souviens, vous étiez fort revêche.
BERTHE.
Eh ! finissons. Allons, qu'on se dépêche :
Quels sots propos ! suivez-moi promptement
Chez le bailli.
COLETTE, *à Acante.*
N'en fais rien, mon enfant.

BERTHE.

Allons, Acante.

ACANTE.

O ciel! que dois-je faire?

COLETTE.

Refuse tout, laisse ta belle-mere,
Viens avec moi.

BERTHE, *à Acante.*

Quoi donc! sans sourciller?
Mais parlez donc.

ACANTE.

A qui puis-je parler?

DIGNANT.

Chez le bailli, ma bonne, allons l'attendre,
Sans la gêner; et laissons-lui reprendre
Un peu d'haleine.

ACANTE.

Ah! croyez que mes sens
Sont pénétrés de vos soins indulgents;
Croyez qu'en tout je distingue mon pere.

MATHURIN.

Madame Berthe, on ne distingue guere
Ni vous ni moi: la belle a le maintien
Un peu bien sec, mais cela n'y fait rien;
Et je réponds, dès qu'elle sera nôtre,
Qu'en peu de temps je la rendrai tout autre.

(*ils sortent.*)

ACANTE.

Ah! que je sens de trouble et de chagrin!
Me faudra-t-il épouser Mathurin?

SCENE VI.

ACANTE, COLETTE.

COLETTE.

Ah! n'en fais rien, crois moi, ma chere amie.

ACTE I, SCENE VI.

Du mariage aurais-tu tant d'envie?
Tu peux trouver beaucoup mieux... que sait-on?
Aimerais-tu ce méchant?

ACANTE.

Mon Dieu non.
Mais, vois-tu bien, je ne suis plus soufferte
Dans le logis de la marâtre Berthe;
Je suis chassée; il me faut un abri;
Et par besoin je dois prendre un mari.
C'est en pleurant que je cause ta peine.
D'un grand projet j'ai la cervelle pleine;
Mais je ne sais comment m'y prendre, hélas!
Que devenir!... Dis-moi, ne sais-tu pas
Si monseigneur doit venir dans ses terres?

COLETTE.

Nous l'attendons.

ACANTE.

Bientôt?

COLETTE.

Je ne sais guères
Dans mon taudis les nouvelles de cour :
Mais s'il revient ce doit être un grand jour.
Il met, dit-on, la paix dans les familles,
Il rend justice, il a grand soin des filles.

ACANTE.

Ah! s'il pouvait me protéger ici!

COLETTE.

Je prétends bien qu'il me protege aussi.

ACANTE.

On dit qu'à Metz il a fait des merveilles
Qui dans l'armée ont très peu de pareilles;
Que Charles-Quint a loué sa valeur.

COLETTE.

Qu'est-ce que Charles-Quint?

ACANTE.

Un empereur

Qui nous a fait bien du mal.
COLETTE.
Et qu'importe ?
Ne m'en faites pas, vous, et que je sorte
A mon honneur du cas triste où je suis.
ACANTE.
Comme le tien, mon cœur est plein d'ennuis.
Non loin d'ici quelquefois on me mene
Dans un château de la jeune Dormene...
COLETTE.
Près de nos bois ?... ah ! le plaisant château !
De Mathurin le logis est plus beau ;
Et Mathurin est bien plus riche qu'elle.
ACANTE.
Oui, je le sais ; mais cette demoiselle
Est autre chose ; elle est de qualité ;
On la respecte avec sa pauvreté.
Elle a chez elle une vieille personne
Qu'on nomme Laure, et dont l'ame est si bonne !
Laure est aussi d'une grande maison.
COLETTE.
Qu'importe encor ?
ACANTE.
Les gens d'un certain nom,
J'ai remarqué cela, chere Colette,
En savent plus, ont l'ame autrement faite,
Ont de l'esprit, des sentiments plus grands,
Meilleurs que nous.
COLETTE.
Oui, dès leurs premiers ans
Avec grand soin leur ame est façonnée ;
La nôtre, hélas ! languit abandonnée.
Comme on apprend a chanter, à danser,
Les gens du monde apprennent à penser.
ACANTE.
Cette Dormene et cette vieille dame

ACTE I, SCENE VI.

Semblent donner quelque chose à mon ame;
Je crois en valoir mieux quand je les voi:
J'ai de l'orgueil, et je ne sais pourquoi...
Et les bontés de Dormene et de Laure
Me font hair mille fois plus encore
Madame Berthe et monsieur Mathurin.

COLETTE.

Quitte-les tous.

ACANTE.

Je n'ose; mais enfin
J'ai quelque espoir: que ton conseil m'assiste.
Dis-moi d'abord, Colette, en quoi consiste
Ce fameux droit du seigneur.

COLETTE.

Oh! ma foi,
Va consulter de plus doctes que moi.
Je ne suis point mariée; et l'affaire,
A ce qu'on dit, est un très grand mystere.
Seconde-moi, fais que je vienne à bout
D'être épousée, et je te dirai tout.

ACANTE.

Ah! j'y ferai mon possible.

COLETTE.

Ma mere
Est très alerte, et conduit mon affaire;
Elle me fait, par un acte plaintif,
Pousser mon droit par-devant le baillif:
J'aurai, dit-elle, un mari par justice.

ACANTE.

Que de bon cœur j'en fais le sacrifice!
Chere Colette, agissons bien à point,
Toi, pour l'avoir; moi, pour ne l'avoir point.
Tu gagneras assez à ce partage;
Mais, en perdant, je gagne davantage.

FIN DU PREMIER ACTE.

ACTE SECOND.

SCÈNE I.

LE BAILLI, PHLIPE, *son valet, ensuite* COLETTE.

LE BAILLI.

Ma robe, allons... du respect... vite, Phlipe.
C'est en bailli qu'il faut que je m'équipe :
J'ai des clients qu'il faut expédier.
Je suis bailli, je te fais mon huissier.
Amène-moi Colette à l'audience.
(*il s'assied devant une table, et feuillette un grand livre.*)
L'affaire est grave, et de grande importance.
De matrimonio... chapitre deux.
Empêchements... Ces cas-là sont verreux;
Il faut savoir de la jurisprudence.
    (*à Colette.*)
Approchez-vous... faites la révérence,
Colette : il faut d'abord dire son nom.

COLETTE.

Vous l'avez dit, je suis Colette.

LE BAILLI, *écrivant*.

Bon.
Colette... Il faut dire ensuite son âge.
N'avez-vous pas trente ans, et davantage?

COLETTE.

Fi donc, monsieur! j'ai vingt ans tout au plus.

LE BAILLI, *écrivant*.

Çà, vingt ans, passe : ils sont bien révolus?

ACTE II, SCENE I.

COLETTE.

L'âge, monsieur, ne fait rien à la chose;
Et, jeune ou non, sachez que je m'oppose
A tout contrat qu'un Mathurin sans foi
Fera jamais avec d'autres que moi.

LE BAILLI.

Vos oppositions seront notoires.
Çà, vous avez des raisons péremptoires?

COLETTE.

J'ai cent raisons.

LE BAILLI.

Dites-les... Aurait-il...?

COLETTE.

Oh! oui, monsieur.

LE BAILLI.

Mais vous coupez le fil
A tout moment de notre procédure.

COLETTE.

Pardon, monsieur.

LE BAILLI.

Vous a-t-il fait injure?

COLETTE.

Oh tant! j'aurais plus d'un mari sans lui;
Et me voilà pauvre fille aujourd'hui.

LE BAILLI.

Et vous a fait sans doute des promesses?

COLETTE.

Mille pour une, et pleines de tendresses.
Il promettait, il jurait que dans peu
Il me prendrait en légitime nœud.

LE BAILLI, *écrivant.*

En légitime nœud... quelle malice!
Çà, produisez ses lettres en justice.

COLETTE.

Je n'en ai point; jamais il n'écrivait,
Et je croyais tout ce qu'il me disait.

Quand tous les jours on parle tête à tête
A son amant d'une maniere honnête,
Pourquoi s'écrire ? à quoi bon ?

LE BAILLI.

Mais du moins,
Au lieu d'écrits, vous avez des témoins ?

COLETTE.

Moi ? point du tout ; mon témoin c'est moi-même:
Est-ce qu'on prend des témoins quand on s'aime ?
Et puis, monsieur, pouvais-je deviner
Que Mathurin osât m'abandonner ?
Il me parlait d'amitié, de constance ;
Je l'écoutais, et c'était en présence
De mes moutons, dans son pré, dans le mien :
Ils ont tout vu, mais ils ne disent rien.

LE BAILLI.

Non plus qu'eux tous je n'ai donc rien à dire.
Votre complainte en droit ne peut suffire ;
On ne produit ni témoins ni billets,
On ne vous a rien fait, rien écrit...

COLETTE.

Mais
Un Mathurin aura donc l'insolence
Impunément d'abuser l'innocence ?

LE BAILLI.

En abuser ! mais vraiment c'est un cas
Epouvantable, et vous n'en parliez pas !
Instrumentons... Laquelle nous remontre
Que Mathurin, en plus d'une rencontre,
Se prévalant de sa simplicité,
A méchamment contre icelle attenté ;
Laquelle insiste, et répete dommages,
Frais, intérêts, pour raison des outrages
Contre les lois faits par le suborneur,
Dit Mathurin, à son présent honneur.

ACTE II, SCENE I.

COLETTE.

Rayez cela; je ne veux pas qu'on dise
Dans le pays une telle sottise.
Mon honneur est très intact; et, pour peu
Qu'on l'eût blessé, l'on aurait vu beau jeu.

LE BAILLI.

Que prétendez-vous donc?

COLETTE.
      Etre vengée.

LE BAILLI.

Pour se venger il faut être outragée,
Et par écrit coucher en mots exprès
Quels attentats encontre vous sont faits,
Articuler les lieux, les circonstances,
Quis, quid, ubi, les excès, insolences,
Enormités sur quoi l'on jugera.

COLETTE.

Ecrivez donc tout ce qu'il vous plaira.

LE BAILLI.

Ce n'est pas tout; il faut savoir la suite
Que ces excès pourraient avoir produite.

COLETTE.

Comment produite? Eh! rien ne produit rien.
Traître bailli, qu'entendez-vous?

LE BAILLI.
      Fort bien.

Laquelle fille a dans ses procédures
Perdu le sens, et nous dit des injures;
Et n'apportant nulle preuve du fait,
L'empêchement est nul, de nul effet.

(*il se leve.*)

Depuis une heure en vain je vous écoute:
Vous n'avez rien prouvé, je vous déboute.

COLETTE.

Me débouter, moi?

LE BAILLI.
Vous.
COLETTE.
Maudit bailli !
Je suis déboutée ?
LE BAILLI.
Oui ; quand le plaintif
Ne peut donner des raisons qui convainquent,
On le déboute, et les adverses vainquent.
Sur Mathurin n'ayant point action,
Nous procédons à la conclusion.
COLETTE.
Non, non, bailli ; vous aurez beau conclure,
Instrumenter et signer, je vous jure
Qu'il n'aura point son Acante.
LE BAILLI.
Il l'aura ;
De monseigneur le droit se maintiendra.
Je suis bailli, et j'ai les droits du maître :
C'est devant moi qu'il faudra comparaître.
Consolez-vous, sachez que vous aurez
Affaire à moi quand vous vous marierez.
COLETTE.
J'aimerais mieux le reste de ma vie
Demeurer fille.
LE BAILLI.
Oh ! je vous en défie.

SCENE II.

COLETTE.

Ah ! comment faire ? où reprendre mon bien ?
J'ai protesté ; cela ne sert de rien.
On va signer. Que je suis tourmentée !

SCÈNE III.

COLETTE, ACANTE.

COLETTE.
A mon secours! me voilà déboutée.

ACANTE.
Déboutée!

COLETTE.
  Oui; l'ingrat vous est promis.
On me déboute.

ACANTE.
  Hélas! je suis bien pis.
De mes chagrins mon ame est oppressée;
Ma chaîne est prête, et je suis fiancée,
Ou je vais l'être au moins dans un moment.

COLETTE.
Ne hais-tu pas mon lâche?

ACANTE.
  Honnêtement.
Entre nous deux, juges-tu sur ma mine
Qu'il soit bien doux d'être ici Mathurine?

COLETTE.
Non pas pour toi; tu portes dans ton air
Je ne sais quoi de brillant et de fier:
A Mathurin cela ne convient guere.
Et ce maraud était mieux mon affaire.

ACANTE.
J'ai par malheur de trop hauts sentiments.
Dis moi, Colette, as tu lu des romans?

COLETTE.
Moi? non, jamais.

ACANTE.
  Le bailli Métaprose
M'en a prêté... Mon dieu, la belle chose!

COLETTE.
En quoi si belle?

ACANTE.
On y voit des amants
Si courageux, si tendres, si galants!

COLETTE.
Oh! Mathurin n'est pas comme eux.

ACANTE.
Colette,
Que les romans rendent l'ame inquiete!

COLETTE.
Et d'où vient donc?

ACANTE.
Ils forment trop l'esprit:
En les lisant le mien bientôt s'ouvrit;
A réfléchir que de nuits j'ai passées!
Que les romans font naître de pensées!
Que les héros de ces livres charmants
Ressemblent peu, Colette, aux autres gens!
Cette lumiere était pour moi féconde;
Je me voyais dans un tout autre monde;
J'étais au ciel... Ah! qu'il m'était bien dur
De retomber dans mon état obscur;
Le cœur tout plein de ce grand étalage,
De me trouver au fond de mon village;
Et de descendre, après ce vol divin,
Des Amadis à maître Mathurin!

COLETTE.
Votre propos me ravit; et je jure
Que j'ai déja du goût pour la lecture.

ACANTE.
T'en souvient-il autant qu'il m'en souvient,
Que ce marquis, ce beau seigneur, qui tient
Dans le pays le rang, l'état d'un prince,
De sa présence honora la province?
Il s'est passé juste un an et deux mois

Depuis qu'il vint pour cette seule fois.
T'en souvient-il? nous le vîmes à table,
Il m'acueillit : ah, qu'il était affable !
Tous ses discours étaient des mots choisis,
Que l'on n'entend jamais dans ce pays :
C'était, Colette, une langue nouvelle,
Supérieure, et pourtant naturelle ;
J'aurais voulu l'entendre tout le jour.

COLETTE.

Tu l'entendras, sans doute, à son retour.

ACANTE.

Ce jour, Colette, occupe ta mémoire,
Où monseigneur, tout rayonnant de gloire,
Dans nos forêts suivi d'un peuple entier,
Le fer en main courait le sanglier?

COLETTE.

Oui, quelque idée et confuse et légere
Peut m'en rester.

ACANTE.

Je l'ai distincte et claire ;
Je crois le voir avec cet air si grand,
Sur ce cheval superbe et bondissant ;
Près d'un gros chêne il perce de sa lance
Le sanglier qui contre lui s'élance :
Dans ce moment j'entendis mille voix,
Que répétaient les échos de nos bois ;
Et de bon cœur (il faut que j'en convienne)
J'aurais voulu qu'il démêlât la mienne.
De son départ je fus encor témoin :
On l'entourait, je n'etais pas bien loin.
Il me parla... Depuis ce jour, ma chere,
Tous les romans ont le don de me plaire :
Quand je les lis, je n'ai jamais d'ennui ;
Il me paraît qu'ils me parlent de lui.

COLETTE.

Ah, qu'un roman est beau !

ACANTE.

C'est la peinture
Du cœur humain, je crois, d'après nature.

COLETTE.

D'après nature !... Entre nous deux, ton cœur
N'aime-t-il pas en secret monseigneur?

ACANTE.

Oh! non; je n'ose : et je sens la distance
Qu'entre nous deux mit son rang, sa naissance.
Crois-tu qu'on ait des sentiments si doux
Pour ceux qui sont trop au-dessus de nous?
A cette erreur trop de raison s'oppose.
Non, je ne l'aime point... mais il est cause
Que l'ayant vu je ne puis à présent
En aimer d'autre... et c'est un grand tourment.

COLETTE.

Mais de tous ceux qui le suivaient, ma bonne,
Aucun n'a-t-il cajolé ta personne?
J'avouerai, moi, que l'on m'en a conté.

ACANTE.

Un etourdi prit quelque liberté;
Il s'appelait le chevalier Gernance :
Son fier maintien, ses airs, son insolence,
Me révoltaient, loin de m'en imposer.
Il fut surpris de se voir mépriser;
Et, réprimant sa poursuite hardie,
Je lui fis voir combien la modestie
Etait plus fiere, et pouvait d'un coup-d'œil
Faire trembler l'impudence et l'orgueil.
Ce chevalier serait assez passable,
Et d'autres mœurs l'auraient pu rendre aimable:
Ah! la douceur est l'appât qui nous prend.
Que monseigneur, ô ciel, est différent!

COLETTE.

Ce chevalier n'était donc guere sage?
Çà, qui des deux te déplaît davantage,
De Mathurin ou de cet effronté?

ACTE II, SCÈNE III.

ACANTE.
Oh! Mathurin... c'est sans difficulté.

COLETTE.
Mais monseigneur est bon; il est le maître:
Pourrait-il pas te dépêtrer du traître?
Tu me parais si belle!

ACANTE.
Hélas!

COLETTE.
Je croi
Que tu pourras mieux réussir que moi.

ACANTE.
Est-il bien vrai qu'il arrive?

COLETTE.
Sans doute,
Car on le dit.

ACANTE.
Penses-tu qu'il m'écoute?

COLETTE.
J'en suis certaine, et je retiens ma part
De ses bontés.

ACANTE.
Nous le verrons trop tard;
Il n'arrivera point; on me fiance,
Tout est conclu, je suis sans espérance.
Berthe est terrible en sa mauvaise humeur;
Mathurin presse, et je meurs de douleur.

COLETTE.
Eh, moque-toi de Berthe.

ACANTE.
Hélas! Dormene,
Si je lui parle, entrera dans ma peine:
Je veux prier Dormene de m'aider
De son appui qu'elle daigne accorder
Aux malheureux; cette dame est si bonne!
Laure, sur-tout, cette vieille personne,

Qui m'a toujours montré tant d'amitié,
De moi, sans doute, aura quelque pitié;
Car sais-tu bien que cette dame Laure
Très tendrement de ses bontés m'honore ?
Entre ses bras elle me tient souvent,
Elle m'instruit, et pleure en m'instruisant.

COLETTE.

Pourquoi pleurer?

ACANTE.

Mais de ma destinée :
Elle voit bien que je ne suis pas née
Pour Mathurin... Crois-moi, Colette, allons
Lui demander des conseils, des leçons...
Veux-tu me suivre?

COLETTE.

Ah! oui, ma chere Acante,
Enfuyons-nous ; la chose est très prudente.
Viens ; je connais des chemins détournés
Tout près d'ici.

SCENE IV.

ACANTE, COLETTE, BERTHE, DIGNANT, MATHURIN.

BERTHE, *arrétant Acante.*

Quel chemin vous prenez !
Etes-vous folle ? et quand on doit se rendre
A son devoir, faut-il se faire attendre ?
Quelle indolence! et quel air de froideur !
Vous me glacez: votre mauvaise humeur
Jusqu'à la fin vous sera reprochée.
On vous marie, et vous êtes fâchée.
Hom, l'idiote! Allons, ça, Mathurin,
Soyez le maître, et donnez lui la main.

MATHURIN *approche sa main et veut l'embrasser.*

Ah ! palsandié...

BERTHE.

Voyez la mal-honnête !
Elle rechigne et détourne la tête !

ACANTE.

Pardon, mon pere, hélas ! vous excusez
Mon embarras, vous le favorisez,
Et vous sentez quelle douleur amere
Je dois souffrir en quittant un tel pere.

BERTHE.

Et rien pour moi ?

MATHURIN.

Ni rien pour moi non plu

COLETTE.

Non, rien, méchant ; tu n'auras qu'un refus.

MATHURIN.

On me fiance.

COLETTE.

Et va, va, fiançailles
Assez souvent ne sont pas épousailles.
Laisse-moi faire.

DIGNANT.

Eh ! qu'est-ce que j'entends ?
C'est un courrier : c'est, je pense, un des gens
De monseigneur ; oui, c'est le vieux Champagne.

SCENE V.

LES ACTEURS PRÉCÉDENTS, CHAMPAGNE.

CHAMPAGNE.

Oui, nous avons terminé la campagne :
Nous avons sauvé Metz, mon maître et moi ;
Et nous aurons la paix. Vive le roi !
Vive mon maître !... il a bien du courage ;
Mais il est trop serieux pour son âge ;
J'en suis fâché. Je suis bien aise aussi,

Mon vieux Dignant, de te trouver ici :
Tu me parais en grande compagnie.
DIGNANT.
Oui... vous serez de la cérémonie.
Nous marions Acante.
CHAMPAGNE.
     Bon ! tant mieux !
Nous danserons, nous serons tous joyeux.
Ta fille est belle... Ha, ha, c'est toi, Colette ;
Ma chere enfant, ta fortune est donc faite ?
Mathurin est ton mari ?
COLETTE.
     Mon dieu, non.
CHAMPAGNE.
Il fait fort mal.
COLETTE.
    Le traître, le frippon,
Croit dans l'instant prendre Acante pour femme.
CHAMPAGNE.
Il fait fort bien ; je réponds sur mon ame
Que cet hymen à mon maître agréera,
Et que la noce à ses frais se fera.
ACANTE.
Comment ! il vient ?
CHAMPAGNE.
     Peut-être ce soir même.
DIGNANT.
Quoi ! ce seigneur, ce bon maître que j'aime,
Je puis le voir encore avant ma mort ?
S'il est ainsi, je bénirai mon sort.
ACANTE.
Puisqu'il revient, permettez, mon cher pere,
De vous prier, devant ma belle-mere,
De vouloir bien ne rien précipiter
Sans son aveu, sans l'oser consulter ;

ACTE II, SCÈNE V.

C'est un devoir dont il faut qu'on s'acquitte ;
C'est un respect, sans doute, qu'il mérite.

MATHURIN.

Foin du respect.

DIGNANT.

Votre avis est sensé ;
Et comme vous en secret j'ai pensé.

MATHURIN.

Et moi, l'ami, je pense le contraire.

COLETTE, *à Acante.*

Bon, tenez ferme.

MATHURIN.

Est un sot qui diffère.
Je ne veux point soumettre mon honneur,
Si je le puis, à ce droit du seigneur.

BERTHE.

Eh ! pourquoi tant s'effaroucher ? la chose
Est bonne au fond, quoique le monde en cause,
Et notre honneur ne peut s'en tourmenter.
J'en fis l'épreuve ; et je puis protester
Qu'à mon devoir quand je me fus rendue
On s'en alla dès l'instant qu'on m'eut vue.

COLETTE.

Je le crois bien.

BERTHE.

Cependant la raison
Doit conseiller de fuir l'occasion.
Hâtons la noce, et n'attendons personne.
Préparez tout, mon mari, je l'ordonne.

MATHURIN.

(*à Colette, en s'en allant.*)
C'est très bien dit. Eh bien ! l'aurai-je enfin ?

COLETTE.

Non, tu ne l'auras pas, non, Mathurin.

(*ils sortent.*)

CHAMPAGNE.
Oh, oh, nos gens viennent en diligence.
Eh quoi! déja le chevalier Gernance?

SCENE VI.

LE CHEVALIER, CHAMPAGNE.

CHAMPAGNE.
Vous êtes fin, monsieur le chevalier;
Très à propos vous venez le premier.
Dans tous vos faits votre beau talent brille;
Vous vous doutez qu'on marie une fille:
Acante est belle, au moins.

LE CHEVALIER.
      Eh! oui vraiment,
Je la connais; j'apprends en arrivant
Que Mathurin se donne l'insolence
De s'appliquer ce bijou d'importance;
Mon bon destin nous a fait accourir
Pour y mettre ordre: il ne faut pas souffrir
Qu'un riche rustre ait les tendres prémices
D'une beauté qui ferait les délices
Des plus huppés et des plus délicats.
Pour le marquis, il ne se hâte pas:
C'est, je l'avoue, un grave personnage,
Pressé de rien, bien compassé, bien sage,
Et voyageant comme un ambassadeur.
Parbleu, jouons un tour à sa lenteur:
Tiens, il me vient une bonne pensée,
C'est d'enlever *presto* la fiancée,
De la conduire en quelque vieux château,
Quelque masure.

CHAMPAGNE.
    Oui, le projet est beau.

LE CHEVALIER.
Un vieux château, vers la forêt prochaine,

ACTE II, SCENE VI.

Tout délabré, que possede Dormene,
Avec sa vieille...

CHAMPAGNE.

Oui, c'est Laure, je crois.

LE CHEVALIER.

Oui.

CHAMPAGNE.

Cette vieille était jeune autrefois;
Je m'en souviens, votre étourdi de pere
Eut avec elle une certaine affaire,
Où chacun d'eux fit un mauvais marché.
Ma foi, c'était un maître débauché,
Tout comme vous, buvant, aimant les belles,
Les enlevant, et puis se moquant d'elles.
Il mangea tout, et ne vous laissa rien.

LE CHEVALIER.

J'ai le marquis, et c'est avoir du bien;
Sans nul souci je vis de ses largesses.
Je n'aime point l'embarras des richesses :
Est riche assez qui sait toujours jouir.
Le premier bien, crois-moi, c'est le plaisir.

CHAMPAGNE.

Et que ne prenez-vous cette Dormene ?
Bien plus qu'Acante elle en vaudrait la peine ;
Elle est très fraîche, elle est de qualité;
Cela convient à votre dignité :
Laissez pour nous les filles du village.

LE CHEVALIER.

Vraiment Dormene est un très doux partage,
C'est très bien dit. Je crois que j'eus un jour,
S'il m'en souvient, pour elle un peu d'amour;
Mais, entre nous, elle sent trop sa dame;
On ne pourrait en faire que sa femme.
Elle est bien pauvre, et je le suis aussi;
Et pour l'hymen j'ai fort peu de souci.
Mon cher Champagne, il me faut une Acante ;

Cette conquête est beaucoup plus plaisante :
Oui, cette Acante aujourd'hui m'a piqué.
Je me sentis, l'an passé, provoqué
Par ses refus, par sa petite mine.
J'aime à domter cette pudeur mutine.
J'ai deux coquins, qui font trois avec toi,
Déterminés, alertes comme moi ;
Nous tiendrons prêt à cent pas un carrosse,
Et nous fondrons tous quatre sur la noce.
Cela sera plaisant ; j'en ris déja.

CHAMPAGNE.

Mais croyez-vous que monseigneur rira?

LE CHEVALIER.

Il faudra bien qu'il rie, et que Dormene
En rie encor, quoique prude et hautaine,
Et je prétends que Laure en rie aussi.
Je viens de voir à cinq cents pas d'ici
Dormene et Laure en très mince équipage,
Qui s'en allaient vers le prochain village,
Chez quelque vieille : il faut prendre ce temps.

CHAMPAGNE.

C'est bien pensé ; mais vos déportements
Sont dangereux, je crois, pour ma personne.

LE CHEVALIER.

Bon! l'on se fâche, on s'appaise, on pardonne.
Tous les gens gais ont le don merveilleux
De mettre en train tous les gens sérieux.

CHAMPAGNE.

Fort bien.

LE CHEVALIER.

L'esprit le plus atrabilaire
Est subjugué quand on cherche à lui plaire.
On s'épouvante, on crie, on fuit d'abord,
Et puis l'on soupe, et puis l'on est d'accord.

CHAMPAGNE.

On ne peut mieux : mais votre belle Acante

ACTE II, SCENE VI.

Est bien revêche.
LE CHEVALIER.
         Et c'est ce qui m'enchante.
La résistance est un charme de plus;
Et j'aime assez une heure de refus.
Comment souffrir la stupide innocence
D'un sot tendron faisant la révérence,
Baissant les yeux, muette à mon aspect,
Et recevant mes faveurs par respect?
Mon cher Champagne, à mon dernier voyage
D'Acante ici j'éprouvai le courage.
Va, sous mes lois je la ferai plier.
Rentre pour moi dans ton premier métier,
Sois mon trompette, et sonne les alarmes;
Point de quartier, marchons, alerte, aux armes,
Vite.
CHAMPAGNE.
Je crois que nous sommes trahis;
C'est du secours qui vient aux ennemis:
J'entends grand bruit, c'est monseigneur.
LE CHEVALIER.
                        N'importe:
Sois prêt ce soir à me servir d'escorte.

FIN DU SECOND ACTE.

ACTE TROISIEME.

SCENE I.

LE MARQUIS, LE CHEVALIER.

LE MARQUIS.

Cher chevalier, que mon cœur est en paix!
Que mes regards sont ici satisfaits!
Que ce château qu'ont habité nos peres,
Que ces forêts, ces plaines me sont cheres!
Que je voudrais oublier pour toujours
L'illusion, les maneges des cours!
Tous ces grands riens, ces pompeuses chimeres,
Ces vanités, ces ombres passageres,
Au fond du cœur laissent un vide affreux.
C'est avec nous que nous sommes heureux.
Dans ce grand monde, où chacun veut paraître,
On est esclave, et chez moi je suis maître.
Que je voudrais que vous eussiez mon goût!

LE CHEVALIER.

Eh! oui, l'on peut se réjouir par-tout,
En garnison, à la cour, à la guerre.
Long-temps en ville, et huit jours dans sa terre.

LE MARQUIS.

Que vous et moi nous sommes différents!

LE CHEVALIER.

Nous changerons peut-être avec le temps.
En attendant vous savez qu'on apprête
Pour ce jour même une très belle fête;
C'est une noce.

ACTE III, SCENE I.

LE MARQUIS.
   Oui, Mathurin vraiment
Fait un beau choix, et mon consentement
Est tout acquis à ce doux mariage;
L'époux est riche, et sa maîtresse est sage:
C'est un bonheur bien digne de mes vœux
En arrivant de faire deux heureux.

LE CHEVALIER.
Acante encore en peut faire un troisieme.

LE MARQUIS.
Je vous reconnais là, toujours vous-même.
Mon cher parent, vous m'avez fait cent fois
Trembler pour vous par vos galants exploits.
Tout peut passer dans des villes de guerre;
Mais nous devons l'exemple dans ma terre.

LE CHEVALIER.
L'exemple du plaisir apparemment?

LE MARQUIS.
Au moins, mon cher, que ce soit prudemment;
Daignez en croire un parent qui vous aime.
Si vous n'avez du respect pour vous-même,
Quelque grand nom que vous puissiez porter,
Vous ne pourrez vous faire respecter.
Je ne suis pas difficile et sévere;
Mais, entre nous, songez que votre pere,
Pour avoir pris le train que vous prenez,
Se vit au rang des plus infortunés,
Perdit ses biens, languit dans la misere,
Fit de douleur expirer votre mere,
Et près d'ici mourut assassiné.
J'étais enfant; son sort infortuné
Fut à mon cœur une leçon terrible
Qui se grava dans mon ame sensible;
Utilement témoin de ses malheurs,
Je m'instruisais en répandant des pleurs.
Si comme moi cette fin déplorable

Vous eût frappé, vous seriez raisonnable.

LE CHEVALIER.

Oui, je veux l'être un jour, c'est mon dessein;
J'y pense quelquefois, mais c'est en vain;
Mon feu m'emporte.

LE MARQUIS.

Eh bien! je vous présage
Que vous serez las du libertinage.

LE CHEVALIER.

Je le voudrais; mais on fait comme on peut:
Ma foi, n'est pas raisonnable qui veut.

LE MARQUIS.

Vous vous trompez: de son cœur on est maître;
J'en fis l'épreuve: est sage qui veut l'être;
Et, croyez-moi, cette Acante, entre nous,
Eut des attraits pour moi comme pour vous:
Mais ma raison ne pouvait me permettre
Un fol amour qui m'allait compromettre;
Je rejetai ce desir passager,
Dont la poursuite aurait pu m'affliger,
Dont le succès eût perdu cette fille,
Eût fait sa honte aux yeux de sa famille,
Et l'eût privée à jamais d'un époux.

LE CHEVALIER.

Je ne suis pas si timide que vous;
La même pâte, il faut que j'en convienne,
N'a point formé votre branche et la mienne.
Quoi! vous pensez être dans tous les temps
Maître absolu de vos yeux, de vos sens?

LE MARQUIS.

Et pourquoi non?

LE CHEVALIER.

Très fort je vous respecte;
Mais la sagesse est tant soit peu suspecte;
Les plus prudents se laissent captiver,
Et le vrai sage est encore à trouver.

Craignez sur-tout le titre ridicule
De philosophe.
<blockquote>LE MARQUIS.</blockquote>
O l'étrange scrupule !
Ce noble nom, ce nom tant combattu,
Que veut-il dire? amour de la vertu.
Le fat en raille avec étourderie,
Le sot le craint, le frippon le décrie ;
L'homme de bien dédaigne les propos
Des étourdis, des frippons, et des sots ;
Et ce n'est pas sur les discours du monde
Que le bonheur et la vertu se fonde.
Ecoutez-moi. Je suis las aujourd'hui
Du train des cours où l'on vit pour autrui ;
Et j'ai pensé, pour vivre à la campagne,
Pour être heureux, qu'il faut une compagne.
J'ai le projet de m'établir ici,
Et je voudrais vous marier aussi.
<blockquote>LE CHEVALIER.</blockquote>
Très humble serviteur.
<blockquote>LE MARQUIS.</blockquote>
Ma fantaisie
N'est pas de prendre une jeune étourdie.
<blockquote>LE CHEVALIER.</blockquote>
L'étourderie a du bon.
<blockquote>LE MARQUIS.</blockquote>
Je voudrais
Un esprit doux, plus que de doux attraits.
<blockquote>LE CHEVALIER.</blockquote>
J'aimerais mieux le dernier.
<blockquote>LE MARQUIS.</blockquote>
La jeunesse,
Les agréments, n'ont rien qui m'intéresse.
<blockquote>LE CHEVALIER.</blockquote>
Tant pis.

LE MARQUIS.
Je veux affermir ma maison
Par un hymen qui soit tout de raison.
LE CHEVALIER.
Oui, tout d'ennui.
LE MARQUIS.
J'ai pensé que Dormene
Serait très propre à former cette chaîne.
LE CHEVALIER.
Notre Dormene est bien pauvre.
LE MARQUIS.
Tant mieux.
C'est un bonheur si pur, si précieux,
De relever l'indigente noblesse,
De préférer l'honneur à la richesse !
C'est l'honneur seul qui chez nous doit former
Tout notre sang ; lui seul doit animer
Ce sang reçu de nos braves ancêtres,
Qui dans les camps doit couler pour ses maîtres.
LE CHEVALIER.
Je pense ainsi : les Français libertins
Sont gens d'honneur. Mais, dans vos beaux desseins,
Vous avez donc, malgré votre réserve,
Un peu d'amour ?
LE MARQUIS.
Qui, moi ? Dieu m'en préserve !
Il faut savoir être maître chez soi ;
Et si j'aimais, je recevrais la loi.
Se marier par amour, c'est folie.
LE CHEVALIER.
Ma foi, marquis, votre philosophie
Me paraît toute à rebours du bon sens.
Pour moi, je crois au pouvoir de nos sens ;
Je les consulte en tout, et j'imagine
Que tous ces gens, si graves par la mine,
Pleins de morale et de réflexions,

ACTE III, SCÈNE I.

Sont destinés aux grandes passions.
Les étourdis esquivent l'esclavage,
Mais un coup-d'œil peut subjuguer un sage.

LE MARQUIS.

Soit ; nous verrons.

LE CHEVALIER.

Voici d'autres époux ;
Voici la noce : allons, égayons-nous.
C'est Mathurin, c'est la gentille Acante,
C'est le vieux pere, et la mere, et la tante,
C'est le bailli, Colette, et tout le bourg.

SCENE II.

LE MARQUIS, LE CHEVALIER ; LE BAILLI,
à la tête des habitants.

LE MARQUIS.

J'en suis touché. Bon jour, enfants, bon jour.

LE BAILLI.

Nous venons tous avec conjouissance
Nous présenter devant votre excellence,
Comme les Grecs jadis devant Cyrus...
Comme les Grecs.

LE MARQUIS.

Les Grecs sont superflus.
Je suis Picard ; je revois avec joie
Tous mes vassaux.

LE BAILLI.

Les Grecs de qui la proie...

LE CHEVALIER.

Ah, finissez !... Notre gros Mathurin,
La belle Acante est votre proie enfin ?

MATHURIN.

Oui-da, monsieur, la fiançaille est faite,
Et nous prions que monseigneur permette
Qu'on nous finisse.

COLETTE.

    Oh! tu ne l'auras pas;
Je te le dis, tu me demeureras.
Oui, monseigneur, vous me rendrez justice;
Vous ne souffrirez pas qu'il me trahisse:
Il m'a promis...

MATHURIN.

    Bon. j'ai promis en l'air.

LE MARQUIS.

Il faut, bailli, tirer la chose au clair.
A-t-il promis?

LE BAILLI.

    La chose est constatée.
Colette est folle, et je l'ai déboutée.

COLETTE.

Ça n'y fait rien, et monseigneur saura
Qu'on force Acante à ce beau marché-là,
Qu'on la maltraite, et qu'on la violente
Pour épouser.

LE MARQUIS.

    Est-il vrai, belle Acante?

ACANTE.

Je dois d'un pere avec raison chéri
Suivre les lois; il me donne un mari.

MATHURIN.

Vous voyez bien qu'en effet elle m'aime.

LE MARQUIS.

Sa réponse est d'une prudence extrême:
Eh bien! chez moi la noce se fera.

LE CHEVALIER.

Bon, bon, tant mieux.

LE MARQUIS, *à Acante.*

     Votre pere verra
Que j'aime en lui la probité, le zele,
Et les travaux d'un serviteur fidele.
Votre sagesse à mes yeux satisfaits

ACTE III, SCENE II.

Augmente encor le prix de vos attraits.
Comptez, amis, qu'en faveur de la fille
Je prendrai soin de toute la famille.

COLETTE.

Et de moi donc?

LE MARQUIS.

De vous, Colette, aussi.
Cher chevalier, retirons-nous d'ici;
Ne troublons point leur naïve alégresse.

LE BAILLI.

Et votre droit, monseigneur; le temps presse.

MATHURIN.

Quel chien de droit! Ah! me voilà perdu.

COLETTE.

Va, tu verras.

BERTHE.

Mathurin, que crains-tu?

LE MARQUIS.

Vous aurez soin, bailli, en homme sage,
D'arranger tout suivant l'antique usage:
D'un si beau droit je veux m'autoriser
Avec décence, et n'en point abuser.

LE CHEVALIER.

Ah! quel Caton, mais mon Caton, je pense,
La suit des yeux, et non sans complaisance.
Mon cher cousin...

LE MARQUIS.

Eh bien?

LE CHEVALIER.

Gageons tous deux
Que vous allez devenir amoureux.

LE MARQUIS.

Moi, mon cousin.

LE CHEVALIER.

Oui, vous.

LE MARQUIS.

L'extravagance!

LE CHEVALIER.
Vous le serez ; j'en ris déjà d'avance.
Gageons, vous dis-je, une discrétion.

LE MARQUIS.
Soit.

LE CHEVALIER.
Vous perdrez.

LE MARQUIS.
Soyez bien sûr que non.

SCÈNE III.

LE BAILLI, LES AUTRES ACTEURS.

MATHURIN.
Que disent-ils ?

LE BAILLI.
Ils disent que sur l'heure
Chacun s'en aille, et qu'Acante demeure.

MATHURIN.
Moi, que je sorte !

LE BAILLI.
Oui, sans doute.

COLETTE.
Oui, frippon.
Oh ! nous aimons la loi, nous.

MATHURIN, *au bailli.*
Mais doit-on...?

BERTHE.
Eh quoi, benêt, te voilà bien à plaindre !

DIGNANT.
Allez ; d'Acante on n'aura rien à craindre ;
Trop de vertu règne au fond de son cœur ;
Et notre maître est tout rempli d'honneur.

(*à Acante.*)
Quand près de vous il daignera se rendre,

ACTE III, SCENE III.

Quand sans témoin il pourra vous entendre,
Remettez-lui ce paquet cacheté:
(*lui donnant des papiers cachetés.*)
C'est un devoir de votre piété;
N'y manquez pas... O fille toujours chere!...
Embrassez-moi.

ACANTE.

Tous vos ordres, mon pere,
Seront suivis; ils sont pour moi sacrés;
Je vous dois tout... D'où vient que vous pleurez?

DIGNANT.

Ah! je le dois... de vous je me sépare,
C'est pour jamais: mais si le ciel avare,
Qui m'a toujours refusé ses bienfaits,
Pouvait sur vous les verser désormais,
Si votre sort est digne de vos charmes,
Ma chere enfant, je dois sécher mes larmes.

BERTHE.

Marchons, marchons; tous ces beaux compliments
Sont pauvretés qui font perdre du temps.
Venez, Colette.

COLETTE, *à Acante.*

Adieu, ma chere amie.
Je recommande à votre prud'hommie
Mon Mathurin; vengez-moi des ingrats.

ACANTE.

Le cœur me bat... Que deviendrai-je? hélas!

SCENE IV.

LE BAILLI, MATHURIN, ACANTE.

MATHURIN.

Je n'aime point cette cérémonie,
Maître Bailli; c'est une tyrannie.

LE BAILLI.

C'est la condition, *sine quâ non.*

MATHURIN.
Sine quâ non; quel diable de jargon !
Morbleu, ma femme est à moi.
LE BAILLI.
Pas encore :
Il faut premier que monseigneur l'honore
D'un entretien, selon les nobles us
En ce châtel de tous les temps reçus.
MATHURIN.
Ces maudits us, quels sont-ils ?
LE BAILLI.
L'épousée
Sur une chaise est sagement placée ;
Puis monseigneur dans un fauteuil à bras
Vient vis-à-vis se camper à six pas.
MATHURIN.
Quoi, pas plus loin ?
LE BAILLI.
C'est la regle.
MATHURIN.
Allons, passe.
Et puis après ?
LE BAILLI.
Monseigneur avec grace
Fait un présent de bijoux, de rubans,
Comme il lui plaît.
MATHURIN.
Passe pour des présents
LE BAILLI.
Puis il lui parle; il vous la considere ;
Il examine à fond son caractere ;
Puis il l'exhorte à la vertu.
MATHURIN.
Fort bien ;
Et quand finit, s'il vous plaît, l'entretien ?

ACTE III, SCENE IV.

LE BAILLI.

Expressément la loi veut qu'on demeure
Pour l'exhorter l'espace d'un quart-d'heure.

MATHURIN.

Un quart-d'heure est beaucoup. Et le mari
Peut-il au moins se tenir près d'ici
Pour écouter sa femme?

LE BAILLI.

     La loi porte
Que s'il osait se tenir à la porte,
Se présenter avant le temps marqué,
Faire du bruit, se tenir pour choqué,
S'émanciper à sottises pareilles,
On fait couper sur-le-champ ses oreilles.

MATHURIN.

La belle loi! les beaux droits que voilà!
Et ma moitié ne dit mot à cela?

ACANTE.

Moi, j'obéis, et je n'ai rien à dire.

LE BAILLI.

Déniche; il faut qu'un mari se retire:
Point de raisons.

MATHURIN, *sortant*.

    Ma femme heureusement
N'a point d'esprit: et son air innocent,
Sa conversation ne plaira guère.

LE BAILLI.

Veux-tu partir?

MATHURIN.

    Adieu donc, ma très chère;
Songe sur-tout au pauvre Mathurin,
Ton fiancé;

      (*il sort.*)

ACANTE.

   J'y songe avec chagrin.
Quelle sera cette étrange entrevue?

La peur me prend; je suis tout éperdue.
LE BAILLI.
Asseyez-vous : attendez en ce lieu
Un maître aimable et vertueux. Adieu.

SCENE V.

ACANTE.

Il est aimable... Ah! je le sais, sans doute.
Pourrai-je, hélas! mériter qu'il m'écoute?
Entrera-t-il dans mes vrais intérêts,
Dans mes chagrins et dans mes torts secrets?
Il me croira du moins fort imprudente
De refuser le sort qu'on me présente,
Un mari riche, un état assuré.
Je le prevois, je ne remporterai
Que des refus avec bien peu d'estime;
Je vais déplaire à ce cœur magnanime;
Et si mon ame avait osé former
Quelque souhait, c'est qu'il pût m'estimer.
Mais pourra-t-il me blâmer de me rendre
Chez cette dame et si noble et si tendre,
Qui fuit le monde, et qu'en ce triste jour
J'implorerai pour le fuir à mon tour?...
Où suis-je?... on ouvre!... à peine j'envisage
Celui qui vient... je ne vois qu'un nuage.

SCENE VI.

LE MARQUIS, ACANTE.

LE MARQUIS.
Asseyez-vous. Lorsqu'ici je vous vois,
C'est le plus beau, le plus cher de mes droits.
J'ai commandé qu'on porte à votre pere
Les faibles dons qu'il convient de vous faire;

ACTE III, SCENE VI.

Ils paraîtront bien indignes de vous.
        ACANTE, *s'asseyant.*
Trop de bontés se répandent sur nous;
J'en suis confuse: et ma reconnaissance
N'a pas besoin de tant de bienfaisance:
Mais avant tout il est de mon devoir
De vous prier de daigner recevoir
Ces vieux papiers que mon pere présente
Très humblement.
    LE MARQUIS, *les mettant dans sa poche.*
          Donnez les, belle Acante,
Je les lirai; c'est sans doute un détail
De mes forêts: ses soins et son travail
M'ont toujours plu; j'aurai de sa vieillesse
Les plus grands soins; comptez sur ma promesse.
Mais est-il vrai qu'il vous donne un époux
Qui, vous causant d'invincibles dégoûts,
De votre hymen rend la chaine odieuse?
J'en suis fâché... Vous deviez être heureuse.

        ACANTE.
Ah! je le suis un moment, monseigneur,
En vous parlant, en vous ouvrant mon cœur;
Mais tant d'audace est-elle ici permise?

        LE MARQUIS.
Ne craignez rien: parlez avec franchise;
Tous vos secrets seront en sûreté.

        ACANTE.
Qui douterait de votre probité?
Pardonnez donc à ma plainte importune.
Ce mariage aurait fait ma fortune,
Je le sais bien; et j'avouerai sur-tout
Que c'est trop tard expliquer mon dégoût,
Que, dans les champs élevée et nourrie,
Je ne dois point dédaigner une vie
Qui sous vos lois me retient pour jamais,

Et qui m'est chère encor par vos bienfaits.
Mais, après tout, Mathurin, le village,
Ces paysans, leurs mœurs, et leur langage,
Ne m'ont jamais inspiré tant d'horreur ;
De mon esprit c'est une injuste erreur ;
Je la combats : mais elle a l'avantage.
En frémissant je fais ce mariage.
  LE MARQUIS, *approchant son fauteuil.*
Mais vous n'avez pas tort.
    ACANTE, *à genoux.*
      J'ose à genoux
Vous demander, non pas un autre époux,
Non d'autres nœuds, tous me seraient horribles ;
Mais que je puisse avoir des jours paisibles :
Le premier bien serait votre bonté,
Et le second de tous, la liberté.
 LE MARQUIS, *la relevant avec empressement.*
Eh ! relevez-vous donc... Que tout m'étonne
Dans vos desseins, et dans votre personne,
   (*ils s'approchent.*)
Dans vos discours, si nobles, si touchants,
Qui ne sont point le langage des champs !
Je l'avouerai, vous ne paraissez faite
Pour Mathurin ni pour cette retraite.
D'où tenez-vous, dans ce séjour obscur,
Un ton si noble, un langage si pur ?
Par-tout on a de l'esprit, c'est l'ouvrage
De la nature, et c'est votre partage :
Mais l'esprit seul sans éducation
N'a jamais eu ni ce tour ni ce ton,
Qui me surprend... je dis plus, qui m'enchante.
    ACANTE.
Ah ! que pour moi votre ame est indulgente !
Comme mon sort, mon esprit est borné.
Moins on attend, plus on est étonné.

ACTE III, SCENE VI.

LE MARQUIS.

Quoi! dans ces lieux la nature bizarre
Aura voulu mettre une fleur si rare,
Et le destin veut ailleurs l'enterrer!
Non, belle Acante, il vous faut demeurer.
(*il s'approche.*)

ACANTE.

Pour épouser Mathurin?

LE MARQUIS.

Sa personne
Mérite peu la femme qu'on lui donne,
Je l'avouerai.

ACANTE.

Mon pere quelquefois
Me conduisait, tout auprès de vos bois,
Chez une dame aimable et retirée,
Pauvre, il est vrai, mais noble et révérée,
Pleine d'esprit, de sentiments, d'honneur:
Elle daigne m'aimer; votre faveur,
Votre bonté peut me placer près d'elle.
Ma belle-mere est avare et cruelle;
Elle me hait; et je hais malgré moi
Ce Mathurin qui compte sur ma foi.
Voilà mon sort. vous en êtes le maître:
Je ne serai point heureuse peut-être;
Je souffrirai; mais je souffrirai moins
En devant tout à vos généreux soins.
Protégez-moi; croyez qu'en ma retraite
Je resterai toujours votre sujette.

LE MARQUIS.

Tout me surprend. Dites-moi, s'il vous plaît,
Celle qui prend à vous tant d'intérêt,
Qui vous chérit, ayant su vous connaître,
Serait-ce point Dormene?

ACANTE.

Oui.

LE MARQUIS.

      Mais peut-être...
Il est aisé d'ajuster tout cela.
Oui... votre idée est très bonne... oui, voilà
Un vrai moyen de rompre avec décence
Ce sot hymen, cette indigne alliance.
J'ai des projets... en un mot, voulez-vous
Près de Dormene un destin noble et doux?

ACANTE.

J'aimerais mieux la servir, servir Laure,
Laure si bonne, et qu'à jamais j'honore,
Manquer de tout, goûter dans leur séjour
Le seul bonheur de vous faire ma cour,
Que d'accepter la richesse importune
De tout mari qui ferait ma fortune.

LE MARQUIS.

Acante, allez... Vous pénétrez mon cœur:
Oui, vous pourrez, Acante, avec honneur
Vivre auprès d'elle... et dans mon château même.

ACANTE.

Auprès de vous! ah ciel!

LE MARQUIS *s'approche un peu.*

      Elle vous aime;
Elle a raison... J'ai, vous dis-je, un projet;
Mais je ne sais s'il aura son effet.
Et cependant vous voilà fiancée,
Et votre chaîne est déja commencée,
La noce prête, et le contrat signé.
Le ciel voulut que je fusse éloigné
Lorsqu'en ces lieux on parait la victime:
J'arrive tard, et je m'en fais un crime.

ACANTE.

Quoi! vous daignez me plaindre? Ah! qu'à mes yeux
Mon mariage en est plus odieux!
Qu'il le devient chaque instant davantage!

ACTE III, SCÈNE VI.

LE MARQUIS. (*ils s'approchent.*)
Mais, après tout, puisque de l'esclavage
  (*il s'approche.*)
Avec décence on pourra vous tirer...
  ACANTE, *s'approchant un peu.*
Ah! le voudriez-vous?
  LE MARQUIS.
          J'ose espérer...
Que vos parents, la raison, la loi même,
Et plus encor votre mérite extrême...
  (*il s'approche encore.*)
Oui, cet hymen est trop mal assorti.
  (*elle s'approche.*)
Mais... le temps presse, il faut prendre un parti :
Ecoutez-moi...
  (*ils se trouvent tout près l'un de l'autre.*)
          ACANTE.
      Juste ciel! si j'écoute!

SCENE VII.

LE MARQUIS, ACANTE, LE BAILLI,
MATHURIN.

  MATHURIN, *entrant brusquement.*
Je crains, ma foi, que l'on ne me déboute :
Entrons, entrons ; le quart-d'heure est fini.
          ACANTE.
Eh quoi! si tôt?
  LE MARQUIS, *tirant sa montre.*
          Il est vrai, mon ami.
          MATHURIN.
Maître Bailli, ces sieges sont bien proches :
Est-ce encore un des droits?
          LE BAILLI.
                    Point de reproches,

Mais du respect.
MATHURIN.
Mon dieu ! nous en aurons ;
Mais aurons-nous ma femme ?
LE MARQUIS.
Nous verrons.
MATHURIN.
Ce *nous verrons* est d'un mauvais présage.
Qu'en dites-vous, Bailli ?
LE BAILLI.
L'ami, sois sage.
MATHURIN.
Que je fis mal, ô ciel ! quand je naquis,
De naître, hélas ! le vassal d'un marquis.
(*ils sortent.*)

SCENE VIII.

LE MARQUIS.

Non, je ne perdrai point cette gageure....
Amoureux ! moi ! quel conte ! ah ! je m'assure
Que sur soi même on garde un plein pouvoir :
Pour être sage, on n'a qu'à le vouloir.
Il est bien vrai qu'Acante est assez belle...
Et de la grace ! ah ! nul n'en a plus qu'elle...
Et de l'esprit !... quoi ! dans le fond des bois,
Pour avoir vu Dormene quelquefois,
Que de progrès ! qu'il faut peu de culture
Pour seconder les dons de la nature !
J'estime Acante : oui je dois l'estimer ;
Mais, grace au ciel, je suis très loin d'aimer ;
A fuir l'amour j'ai mis toute ma gloire.

SCENE IX.

LE MARQUIS, DIGNANT, BERTHE, MATHURIN.

BERTHE.
Ah! voici bien, pardienne, une autre histoire.
LE MARQUIS.
Quoi?
BERTHE.
Pour le coup c'est le droit du seigneur:
On nous enleve Acante.
LE MARQUIS.
Ah!
BERTHE.
Votre honneur
Sera honteux de cette vilenie;
Et je n'aurais pas cru cette infamie
D'un grand seigneur si bon, si libéral.
LE MARQUIS.
Comment? qu'est-il arrivé?
BERTHE.
Bien du mal...
Savez-vous pas qu'à peine chez son pere
Elle arrivait pour finir notre affaire,
Quatre coquins, alertes, bien tournés,
Effrontément me l'ont prise à mon nez,
Tout en riant, et vîte l'ont conduite
Je ne sais où.
LE MARQUIS.
Qu'on aille à leur poursuite...
Holà! quelqu'un... ne perdez point de temps;
Allez, courez, que mes gardes, mes gens
De tous côtés marchent en diligence.

Volez, vous dis-je ; et , s'il faut ma présence,
J'irai moi-même.
   BERTHE, *à son mari.*
      Il parle tout de bon ;
Et l'on croirait, mon cher, à la façon
Dont monseigneur regarde cette injure,
Que c'est à lui qu'on a pris la future.
   LE MARQUIS.
Et vous son pere, et vous qui l'aimiez tant,
Vous qui perdez une si chere enfant,
Un tel trésor, un cœur noble, un cœur tendre,
Avez-vous pu souffrir, sans la défendre,
Que de vos bras on osât l'arracher ?
Un tel malheur semble peu vous toucher.
Que devient donc l'amitié paternelle ?
Vous m'étonnez.
   DIGNANT.
     Mon cœur gémit sur elle ;
Mais je me trompe, ou j'ai dû pressentir
Que par votre ordre on la faisait partir.
   LE MARQUIS.
Par mon ordre ?
   DIGNANT.
  Oui.
   LE MARQUIS.
     Quelle injure nouvelle !
Tous ces gens-ci perdent-ils la cervelle ?
Allez-vous-en, laissez-moi, sortez tous.
Ah ! s'il se peut, modérons mon courroux....
Non, vous, restez.
   MATHURIN.
   Qui ? moi ?
   LE MARQUIS, *à Dignant.*
     Non, vous, vous dis-je.

SCENE X.

LE MARQUIS, *sur le devant;* DIGNANT, *au fond.*

LE MARQUIS.
Je vois d'où part l'attentat qui m'afflige ;
Le chevalier m'avait presque promis
De se porter à des coups si hardis :
Il croit au fond que cette gentillesse
Est pardonnable au feu de sa jeunesse ;
Il ne sait pas combien j'en suis choqué.
A quel excès ce fou-là m'a manqué !
Jusqu'à quel point son procédé m'offense !
Il déshonore, il trahit l'innocence :
Voilà le prix de mon affection
Pour un parent indigne de mon nom !
Il est pêtri des vices de son pere :
Il a ses traits, ses mœurs, son caractere ;
Il périra malheureux comme lui.
Je le renonce, et je veux qu'aujourd'hui
Il soit puni de tant d'extravagance.

DIGNANT.
Puis-je en tremblant prendre ici la licence
De vous parler ?

LE MARQUIS.
   Sans doute, tu le peux :
Parle-moi d'elle.

DIGNANT.
   Au transport douloureux
Où votre cœur devant moi s'abandonne,
Je ne reconnais plus votre personne :
Vous avez lu ce qu'on vous a porté,
Ce gros paquet qu'on vous a présenté ?

LE MARQUIS.
Eh ! mon ami, suis-je en état de lire ?

DIGNANT.

Vous me faites frémir.

LE MARQUIS.

Que veux-tu dire?

DIGNANT.

Quoi! ce paquet n'est pas encore ouvert?

LE MARQUIS.

Non.

DIGNANT.

Juste ciel! ce dernier coup me perd.

LE MARQUIS.

Comment!... j'ai cru que c'était un mémoire
De mes forêts.

DIGNANT.

Hélas! vous deviez croire
Que cet écrit était intéressant.

LE MARQUIS.

Eh! lisons vite... Une table à l'instant;
Approchez donc cette table.

DIGNANT.

Ah! mon maître!
Qu'aura-t-on fait, et qu'allez-vous connaître?

LE MARQUIS, *assis, examine le paquet.*

Mais ce paquet, qui n'est pas à mon nom,
Est cacheté des sceaux de ma maison?

DIGNANT.

Oui.

LE MARQUIS.

Lisons donc.

DIGNANT.

Cet étrange mystère
En d'autres temps aurait de quoi vous plaire;
Mais à présent il devient bien affreux.

LE MARQUIS, *lisant.*

Je ne vois rien jusqu'ici que d'heureux...
Je vois d'abord que le ciel la fit naître

D'un sang illustre... et cela devait être.
Oui, plus je lis, plus je bénis les cieux...
Quoi! Laure a mis ce dépôt précieux
Entre vos mains? quoi! Laure est donc sa mere?

DIGNANT.

Oui.

LE MARQUIS.

Mais pourquoi lui serviez-vous de pere ?
Indignement pourquoi la marier?

DIGNANT.

J'en avais l'ordre; et j'ai dû vous prier
En sa faveur... Sa mere infortunée
A l'indigence était abandonnée,
Ne subsistant que des nobles secours
Que par mes mains vous versiez tous les jours.

LE MARQUIS.

Il est trop vrai : je sais bien que mon pere
Fut envers elle autrefois trop sévere...
Quel souvenir!... Que souvent nous voyons
D'affreux secrets dans d'illustres maisons!...
Je le savais : le pere de Gernance
De Laure, hélas! séduisit l'innocence;
Et mes parents, par un zele inhumain,
Avaient puni cet hymen clandestin.
Je lis, je tremble. Ah! douleur trop amere!
Mon cher ami, quoi! Gernance est son frere!

DIGNANT.

Tout est connu.

LE MARQUIS.

Quoi! c'est lui que je vois!...
Ah! ce sera pour la derniere fois...
Sachons domter le courroux qui m'anime.
Il semble, ô ciel, qu'il connaisse son crime!
Que dans ses yeux je lis d'égarement!
Ah! l'on n'est pas coupable impunément.
Comme il rougit, comme il pâlit... le traitre!

gards il tremble de paraître.
elque chose.

SCENE XI.

MARQUIS, LE CHEVALIER.

ALIER, *de loin, se cachant le visage.*
　　　　Ah! monsieur.
　　　LE MARQUIS.
　　　　　　　　Est-ce vous?
alheureux!
　　　LE CHEVALIER.
　　　　　Je tombe à vos genoux...
　　　LE MARQUIS.
t-vous fait?
　　　LE CHEVALIER.
　　　　　Une faute, une offense,
ressens l'indigne extravagance,
ur jamais m'a servi de leçon,
je viens vous demander pardon.
　　　LE MARQUIS.
les remords! vous! est-il bien possible?
　　　LE CHEVALIER.
est plus vrai.
　　　LE MARQUIS.
　　　　　Votre faute est horrible
ie vous ne pensez; mais votre cœur
ensible à mes soins, a l'honneur,
tié? vous sentez-vous capable
me faire un aveu véritable,
en cacher?
　　　LE CHEVALIER.
　　　　　Comptez sur ma candeur:
un libertin, mais point menteur;
esprit, que le trouble environne,

ACTE III, SCÈNE XI.

trop ému pour abuser personne.
LE MARQUIS.
prétends tout savoir.
LE CHEVALIER.
Je vous dirai
, de débauche et d'ardeur enivré,
s que d'amour, j'avais fait la folie
dérober une fille jolie
possesseur de ses jeunes appas,
à mon avis il ne mérite pas.
l'ai conduite à la forêt prochaine,
ns ce château de Laure et de Dormene :
st une faute, il est vrai, j'en convien ;
is j'étais fou, je ne pensais à rien.
te Dormene, et Laure sa compagne,
ient encor bien loin dans la campagne :
étourdi je n'ai point perdu temps ;
commencé par des propos galants.
m'attendais aux communes alarmes,
x cris perçants, à la colere, aux larmes ;
is qu'ai-je vu ! la fermeté, l'honneur,
ir indigné, mais calme avec grandeur.
t ce qui fait respecter l'innocence
rmait pour elle, et prenait sa défense :
recouru dans ces premiers moments
'art de plaire, aux égards séduisants,
x doux propos, à cette déférence
i fait souvent pardonner la licence ;
is, pour réponse, Acante à deux genoux
conjuré de la rendre chez vous ;
'est alors que ses yeux, moins séveres,
t répandu des pleurs involontaires.
LE MARQUIS.
e dites-vous ?
LE CHEVALIER.
Elle voulait en vain

Me les cacher de sa charmante main :
Dans cet état, sa grace attendrissante
Enhardissait mon ardeur imprudente ;
Et, tout honteux de ma stupidité,
J'ai voulu prendre un peu de liberté.
Ciel ! comme elle a tancé ma hardiesse !
Oui, j'ai cru voir une chaste déesse
Qui rejetait de son auguste autel
L'impur encens qu'offrait un criminel.

LE MARQUIS.

Ah ! poursuivez.

LE CHEVALIER.

    Comment se peut-il faire
Qu'ayant vécu presque dans la misere,
Dans la bassesse et dans l'obscurité,
Elle ait cet air et cette dignité,
Ces sentiments, cet esprit, ce langage,
Je ne dis pas au-dessus du village,
De son état, de son nom, de son sang,
Mais convenable au plus illustre rang ?
Non, il n'est point de mere respectable
Qui, condamnant l'erreur d'un fils coupable,
Le rappelât avec plus de bonté
A la vertu dont il s'est écarté ;
N'employant point l'aigreur et la colere,
Fiere et décente, et plus sage qu'austere.
De vous sur-tout elle a parlé long-temps.

LE MARQUIS.

De moi?...

LE CHEVALIER.

    Montrant à mes égarements
Votre vertu, qui devait, disait-elle,
Etre à jamais ma honte ou mon modele.
Tout interdit, plein d'un secret respect,
Que je n'avais senti qu'à son aspect,
Je suis honteux ; mes fureurs se captivent.

ACTE III, SCENE XI.

Dans ce moment les deux dames arrivent;
Et, me voyant maître de leur logis,
Avec Acante et deux ou trois bandits,
D'un juste effroi leur ame s'est remplie.
La plus âgée en tombe évanouie.
Acante en pleurs la presse dans ses bras:
Elle revient des portes du trépas;
Alors sur moi fixant sa triste vue,
Elle retombe, et s'écrie éperdue:
Ah! je crois voir Gernance... c'est son fils,
C'est lui... je meurs... A ces mots je frémis;
Et la douleur, l'effroi de cette dame
Au même instant ont passé dans mon ame.
Je tombe aux pieds de Dormene, et je sors,
Confus, soumis, pénétré de remords.

LE MARQUIS.

Ce repentir dont votre ame est saisie
Charme mon cœur, et nous réconcilie.
Tenez, prenez ce paquet important,
Lisez bien vîte, et pesez mûrement...
Pauvre jeune homme! hélas! comme il soupire!...
(Il lui montre l'endroit où il est dit qu'il est frere d'Acante.)
Tenez, c'est là, là sur-tout qu'il faut lire.

LE CHEVALIER.

Ma sœur! Acante!...

LE MARQUIS.

Oui, jeune libertin.

LE CHEVALIER.

Oh! par ma foi, je ne suis pas devin...
Il faut tout réparer. Mais par l'usage
Je ne saurais la prendre en mariage:
Je suis son frere, et vous êtes cousin;
Payez pour moi.

LE MARQUIS.

Comment finir enfin

Honnêtement cette étrange aventure ?
Ah ! la voici... j'ai perdu la gageure.

SCENE XII.

LES ACTEURS PRÉCÉDENTS, ACANTE, COLETTE, DIGNANT.

ACANTE.

Où suis-je ? hélas ! et quel nouveau malheur !
Je vois mon père avec mon ravisseur !

DIGNANT.

Madame, hélas ! vous n'avez plus de pere.

ACANTE.

Madame, à moi ! qu'entends-je ? quel mystere ?

LE MARQUIS.

Il est bien grand. Tout éprouve en ce jour
Les coups du sort, et sur-tout de l'amour :
Je me soumets à leur pouvoir suprême.
Eh ! quel mortel fait son destin soi-même ?...
Nous sommes tous, madame à vos genoux :
Au lieu d'un pere, acceptez un époux.

ACANTE.

Ciel ! est-ce un rêve ?

LE MARQUIS.

On va tout vous apprendre :
Mais à nos vœux commencez par vous rendre,
Et par régner pour jamais sur mon cœur.

ACANTE.

Moi ! comment croire un tel excès d'honneur ?

LE MARQUIS.

Vous, libertin, je vais vous rendre sage ;
Et dès demain je vous mets en ménage
Avec Dormene : elle s'y résoudra.

LE CHEVALIER.

J'épouserai tout ce qu'il vous plaira.

ACTE III, SCÈNE XII.

COLETTE.

Et moi donc?

LE MARQUIS.

Toi! ne crois pas, ma mignonne,
Qu'en faisant tous les lots je t'abandonne :
Ton Mathurin te quittait aujourd'hui ;
Je te le donne ; il t'aura malgré lui.
Tu peux compter sur une dot honnête...
Allons danser, et que tout soit en fête.
J'avais cherché la sagesse ; et mon cœur,
Sans rien chercher, a trouvé le bonheur.

FIN DU DROIT DU SEIGNEUR.

TABLE
DES PIECES

CONTENUES

DANS LE HUITIEME VOLUME.

L'Ecossaise, comédie. Page	5
Epître dédicatoire du traducteur de l'Ecossaise à M. le comte de Lauraguais.	6
A messieurs les Parisiens.	10
Avertissement.	14
Préface.	18
Tancrede, tragédie.	99
A madame la marquise de Pompadour.	101
Le Droit du Seigneur, comédie.	175

FIN DU HUITIEME VOLUME.

www.ingramcontent.com/pod-product-compliance
Lightning Source LLC
Chambersburg PA
CBHW071912160426
43198CB00011B/1270